Luise F. Pusch
Die Sprache der Eroberinnen
und andere Glossen

Luise F. Pusch

Die Sprache der Eroberinnen

und andere Glossen

WALLSTEIN VERLAG

Inhalt

Vorwort: Was ist und will eine Glosse?

Als ich 1982 mit dem Glossenschreiben anfing, tat ich es in der Absicht, die Erkenntnisse der feministischen Linguistik einem nichtwissenschaftlichen Publikum »in netter Form« nahezubringen und verständlich zu machen. Julia Penelope (1941-2013), eine ebenso scharfsinnige wie unerschrockene Pionierin der feministischen Linguistik in den USA, hatte mich indirekt dazu angeregt. Sie legte sich nämlich regelmäßig und gern mit dem Sprachkolumnisten des *New York Times Magazine*, William Safire (1929-2009), an. Die Kolumne des konservativen Sprachkritikers erschien von 1979 bis 2009 und machte ihn zum »inoffiziellen Schiedsrichter des Sprachgebrauchs und zu einem der meistgelesenen Sprachkommentatoren«, wie die *New York Times* in ihrem Nachruf schrieb.

Was lag also näher, als William Safire nachzueifern, aber sozusagen mit umgekehrtem Vorzeichen, nicht um die Sprache vor dem Verfall zu bewahren, sondern vor patriarchaler Verknöcherung und männlichem Imponiergehabe?

Die Sprachglosse war (und ist) auch in Deutschland ein beliebtes Genre – Grund genug, es mal feministisch gegen den Strich zu bürsten.

Das Wort »Glosse« hat verschiedene Bedeutungen, die bei meinen Glossen alle irgendwie mit hineinspielen. Zuallererst bedeutet es »Sprache«, sodann »Erklärung (schwieriger, unbekannter) Wörter und Ausdrücke« und schließlich »satirisch zugespitzter journalistischer Kommentar«. Für solche kann es dann noch zu »Sprachglosse« erweitert werden, wenn nämlich der Spott sich gegen gewisse sprachliche Erscheinungen richtet.

Auf das Satirische hatte ich es anfangs nicht so sehr angelegt, es ergab sich allerdings automatisch durch meinen feministischen Blick auf unsere Männer-, um nicht zu sagen Herrensprache. Feministisch betrachtet ist vieles an dieser Sprache komisch, und in den Anfangsjahren waren die Reaktionen ihrer männlichen Verfechter noch viel komischer. Das schrie einfach nach Satire!

Ende März 2015, nach dem Mord eines Lufthansapiloten an 149 Menschen, die er mit voller Absicht in den südfranzösischen Alpen zerschellen ließ, schrieb ich eine Glosse mit dem Titel »Frauenquote fürs Cockpit«, in der ich vorschlug, die Airlines sollten mehr Pilotinnen beschäftigen, das sei nicht nur gerechter, sondern auch sicherer, da Frauen weit weniger als Männer zu »erweitertem Selbstmord« neigen, wie solche Massenmorde verharmlosend genannt werden. Dass noch niemand auf diese naheliegende Idee gekommen war, schrieb ich derselben Frauenvergessenheit zu, die die getöteten 14 Schülerinnen und 2 Schüler aus Haltern in den Medien durchgehend zu »16 Schülern« gemacht hatte.

In den Sozialen Medien wie auch in den Printmedien brach daraufhin eine Flut unflätigster Beschimpfungen gegen mich los, die 10 Tage lang anhielt. Ein Shitstorm, eher wohl noch ein Tsunami. Es wäre vielleicht noch schlimmer geworden, wenn nicht viele gemeint hätten »Das ist nur eine Glosse! Die Pusch meint das nicht ernst, ist nur eine Satire!« Und ob ich das ernst meinte. Was an der Frauenquote fürs Cockpit komisch sein soll, ist mir unerfindlich. Manchmal sind meine Glossen eben auch sehr ernst. Dann heißen sie »Glosse« nicht, weil sie komisch sind, sondern weil sie (u. a.) den Sprachgebrauch thematisieren.

Die Cockpit-Glosse und meine beiden Antwort-Glossen finden Sie in diesem Band.

Ehe und Familie

»Homo-Ehe«, »Verpartnerung« und andere Unwörter

Vorbemerkung: Das Unwort »Homo-Ehe« geistert in letzter Zeit derart häufig unwidersprochen durch alle medialen Kanäle, dass mir die Ohren wehtun. Ich plädiere dafür, es als »Unwort des Jahrzehnts« zu brandmarken. Würden die Medien plötzlich das alte Wort »Mischehe« für Ehen zwischen jüdischen und nichtjüdischen Menschen oder zwischen Schwarzen und Weißen wieder aufwärmen – der Aufschrei »Unwort« würde auf dem Fuße folgen, zu Recht.

Alternativen zu »Homo-Ehe« habe ich vor bald 12 Jahren in meiner Glosse »Verpartnerung« vorgeschlagen und diskutiert. Damals schien das Wort »Homo-Ehe« durch die »kleine Lösung« der »Verpartnerung« überholt und abgeschafft. Nun aber wird die »Verpartnerung« überholt und abgeschafft, und die »Homo-Ehe« steht uns ganz offiziell ins Haus. Dagegen sollten wir uns verwahren. Ich bringe im Folgenden meine alte Glosse von 2001 in ihrer ursprünglichen Form und schließe dann noch einen aktuellen Vorschlag an.

Am 3. August 2001 besuchten wir unseren schwulen Freund Jürgen in Altona. Er war noch ganz erfüllt von den vielen lesbischwulen Eheschließungen bzw. Registrierungen, die am 1. August im Rathaus Altona unter reichlichem Aufgebot an Prominenz stattgefunden hatten. Als wir ankamen, saß er grade da und ordnete triumphierend seine Zeitungsausschnitte; die Regenbogenfahne an seinem Dachfenster flatterte fröhlich im Winde.

»Ja, es war ein historisches Datum«, sagten wir, etwas schwunglos.

»Und ihr, was habt ihr am 1. August gemacht?«

»Nix weiter. Irgendwie ist das historische Datum an uns vorübergegangen. Wir haben aber auch soo viel zu tun mit dem Band *Berühmte Frauenpaare*, den wir herausgeben, weißt du.«

»Das ist keine Entschuldigung«, fand er. Zu Recht.

»Wenigstens musst du dann eine Glosse schreiben.« Ich versprach es reumütig – aber nichts inspirierte mich so richtig, bis ich im Deutschlandradio diese Sendung über das neue Lebenspartnerschaftgesetz anhörte. Da redeten doch diese juristischen Experten dauernd wie selbstverständlich von der »Verpartnerung« der Lesben und Schwulen.

»Also der Zivilstand ist dann nicht mehr ledig, sondern verpartnert?«, erkundigte sich der (wohl eher heterosexuelle) Moderator nochmal ungläubig.

»Ja, ganz recht.« Der Jurist blieb völlig ungerührt.

Seither geht mir das Unwort im Kopf herum. »Wir schließen heute den heiligen Bund der Verpartnerung« – wie hört sich denn das an?!

Ich hatte, bevor die Juristen das Problem sprachlich erledigt hatten, selbst schon mal herumgebastelt. Frau soll ja nicht immer nur meckern, sondern auch mal Positives zur Debatte beitragen. Damals kämpfte ich noch gegen das andere Unwort, »Homo-Ehe«, auf das der Volksmund sich geeinigt zu haben scheint.

Da ich viel in den USA bin, wo sie alles abkürzen, versuchte ich es mit dieser Methode und kam schließlich auf *Ho-Ehe* oder, ganz kurz, *Höhe*:

– *Wir schließen heute den heiligen Bund der Höhe.*
– *Die Höheleute Emilie Butter und Ottilie Kuchen*
– *Höhescheidungen sind viel seltener als Ehescheidungen.*
– *Die frische Höhenluft tut gut!*

Funktioniert prima und hat auch gewissermaßen noch was Gehobenes, was uns Lesben und Schwulen ja gewöhnlich komplett abgeht.

Aber das ist Schnee von gestern, wenn auch niedlicher. Mit der Verpartnerung werden wir wohl erst mal leben müssen. Die meisten scheinen sich schnell daran gewöhnt zu haben. Auch »beim Institut für deutsche Sprache in Mannheim stößt das Kunstwort auf Sympathie. Sein Direktor, Professor Gerhard Stickel, kann sich mit dem Begriff anfreunden, plädiert aber dafür, die homosexuellen Paare auf ihren Sprachgebrauch hin zu befragen«, meldete der *Mannheimer Morgen* einen Tag vor der Großen Verpartnerung am 1. August.

Stickel möchte vielleicht politisch korrekt sein (»Lasst die Betroffenen selbst zu Wort kommen!«), aber seine Empfehlung ist nur eine leere Floskel. Wie sollen homosexuelle Paare bitte einen Sprachgebrauch entwickelt haben für eine soeben erst geschaffene Institution? Auch weiß der Direktor des Instituts für deutsche Sprache natürlich sehr gut, dass die Vorsilbe *ver-* es in sich hat und bei Lesben und Schwulen Unbehagen auslösen *muss*, das die meisten allerdings nicht recht benennen und begründen können.

Sehen wir uns deshalb mal ein paar Wörter mit *ver-* an:

- *Diese versoffene, versiffte und verkommene Person hat mein ganzes Geld verspielt.*
- *Er verrechnet, verspricht, verhört und verschreibt sich dauernd.*
- *Die Gäste sind verspätet, der Gastgeber vergreist, die Dienerschaft verblödet, die Suppe versalzen, die Brötchen verschimmelt und der Wein vergiftet.*

Die Vorsilbe *ver-* hat eine Reihe von Bedeutungen, aber die produktivste ist »einen Fehler machen« wie bei *sich verlaufen, verkalkulieren, etwas verlegen, verkramen*

Das Wort *verklingeln* steht nicht im Wörterbuch, aber man versteht sofort, wenn eine sagt, »Entschuldigung, ich habe mich verklingelt.«

Natürlich gibt es auch *verliebt, verlobt, verheiratet*, die *Vereinigung* und die *Verbrüderung*, und daran werden die wortschöpfenden JuristInnen vermutlich gedacht haben, vielleicht sogar arglos. Aber ich bin sehr skeptisch. Außerdem sind Lesben weder Brüder noch Partner – aber *Verpartnerinnung* bringt's wohl auch nicht.

Was die Heteras und -ros wohl dazu sagen würden, wenn sie demnächst miteinander vergattet würden? »Nach der Vergattung schritten die frischgebackenen Gatten zur Begattung.«

Sie würden es sich verbitten. Aber sie haben's ja nicht nötig.

Kurz, mit dem Wort *Verpartnerung* sind wir schön verhohnepipelt, verarscht und vergackeiert worden.

So weit mein sprachpflegerisches Votum im Jahre 2001. Heute bin ich ein Stück weiter und finde, für die Ehe zwischen Frauen oder zwischen Männern brauchen wir keine besondere Bezeichnung. Das Wort »Ehe« reicht doch – hat es doch auch das Unwort »Mischehe« ersetzt, als die Gesetze gegen »Rassenschande« abgeschafft waren. Solange die »gleichgeschlechtliche Ehe« aber gesellschaftlich noch diskutiert wird, braucht es dafür ein griffigeres Wort, und wir können sie »gay marriage« nennen. Oder »neue Ehe« im Gegensatz zur »alten Ehe«.

Mai 2013

Kinderlos oder kinderfrei?

Kaum in Boston angekommen, hörte ich beim Spülen wieder die USA-weite Diskussionssendung »On Point with Tom Ashbrook«. Am 30. Dezember brachten sie eine Wiederholung vom August, betitelt »The Choice to be childfree«, zu Deutsch etwa »freiwillig kinderlos« oder »absichtlich kinderfrei«.

In Tom Ashbrooks Sendung wurde die Wortwahl – *childless* oder *childfree* – kaum kommentiert. Ashbrook selbst schien offensichtlich bemüht, freiwillig kinderlose Menschen nicht zu diffamieren, und sprach immer von »childfree«, während seine Gesprächspartnerinnen in der Mehrheit das Wort »childless« benutzten.

Für mich war das Wort »childfree« neu, genau wie die Übersetzung »kinderfrei«. Im Internet fand ich das Wort »kinderfrei« hauptsächlich in Bezug auf Hotels; es wurde diskutiert, ob »kinderfreie« Hotels für kinderempfindliche Erwachsene nicht ein kinderfeindlicher Skandal seien. Und ich fand einen 20 Jahre alten Beitrag in der Zeit und darin folgende Passage:

> Unfruchtbarkeit und die meist vergeblichen Versuche, eine Schwangerschaft durch medizinische Behandlung einzuleiten, lösen oft Verzweiflung und Trauer aus. Die Carters haben all das durchgemacht. Heute sagen sie: »Wir konnten kinderlos sein und unser Leben durch das definieren, was uns fehlte, oder kinderfrei und damit die Vorteile betonen. Wir haben uns für Letzteres entschieden. Statt erfolglose Möchtegerneltern zu sein, sind wir erfolgreiche Nicht-Eltern.«

»Childfree« bzw. »kinderfrei« mag »die Vorteile betonen« und damit gegenüber freiwillig kinderlosen Erwachsenen (besonders Frauen) die politisch korrekte Wortwahl sein, sicher jedoch nicht gegenüber Kindern.

Die werden durch diese Wortwahl als Belastung kategorisiert, von der die Erwachsenen lieber frei, »unbehelligt« wären.

»Kinderfrei« klingt in meinen Ohren nicht nur positiv nach »erfolgreichen Nicht-Eltern«, sondern auch etwas herzlos. Ich habe nicht vergessen, dass ich selbst mal ein Kind war. Vielleicht war ich nicht sehr willkommen, in den vierziger Jahren gab es ja die Pille noch nicht, und Frauen mussten gebären, ob sie wollten oder nicht. Vielleicht wäre meine Mutter lieber »kinderfrei« geblieben, aber sie hatte keine Wahl. Und wo ich nun schon mal da bin, hoffe ich doch, dass der Wunsch, von der Last meiner Existenz »befreit« zu sein, bei ihr nicht allzu ausgeprägt war.

Aber wie kommt es, dass mit »kinderlos« die Kinder als eher neutral, mit »kinderfrei« hingegen als eindeutig lästig eingeordnet werden?

Es liegt nicht nur an den positiven Konnotationen von *frei* und *Freiheit* in unserer Kultur (vgl. *Terrorist* vs. *Freiheitskämpfer*, *Selbstmord* vs. *Freitod*), sondern auch an der normalen Umgebung der beiden Wortbestandteile *-los* und *-frei*.

Da haben wir einerseits *geschmacklos*, *lustlos*, *machtlos*, *mittellos*, *mutlos*, *mutterlos*, *obdachlos*, *respektlos*, *rücksichtslos*, *schamlos*, *schutzlos*, *sinnlos*, *skrupellos*. Geschmack, Lust, Macht, Mittel, Mut, Mutter, Obdach, Respekt, Rücksicht, Scham etc. – all dies ist wünschenswert, wir sollten nicht ohne sie auskommen müssen oder wollen. Wer Obdachlose zu »Obdachfreien« schönreden wollte, würde zu Recht als zynisch verurteilt.

Auf der anderen Seite haben wir alkoholfreies Bier, atomfreie Zonen, autofreie Sonntage, barrierefreie Gebäude und Webseiten, bleifreies Benzin, coffeinfreien Kaffee, FCKW-freie Kühlschränke, glutenfreie Lebensmittel, keimfreie Nadeln, schadstofffreies Spielzeug, staubfreie Räume und rückstandsfreie Verbrennung. Unsere Nahrung ist fettfrei, lactosefrei, glutenfrei, salzfrei und überhaupt völlig geschmacksfrei.

Wir sehen, die Wörter auf *-frei* sind wesentlich jünger als die auf *-los*, und sie bezeichnen in der Regel Produkte oder Zustände, die durch menschliches Einwirken von unerwünschten Bestandteilen oder Eigenschaften »befreit« wurden. Viele dieser Freiheiten ermöglichte erst der technische Fortschritt – wie ja auch die »Kinderfreiheit« erst seit einem halben Jahrhundert dank der Pille von Frauen auch dann geplant werden kann, wenn es dem Partner nicht gefällt.

Schließlich gibt es noch den ironischen Gebrauch von *-frei* wie in »geschmacksfreie Nahrung« (s. o.), »sinnfreie Prosa«, »männerfreie Zone«, »textilfreie Mode« usw.

Sosehr ich die Möglichkeit selbstgewählter Kinderlosigkeit für Frauen begrüße, muss ich doch gegen das Wort »kinderfrei« Bedenken anmelden. Zwar gönne ich gestressten Eltern jede Menge »kinderfreie Wochenenden«, aber freiwillige Nicht-Eltern als »kinderfrei« zu bezeichnen ist unzart gegenüber dem zarten Kindergemüt. Kinder haben was Besseres verdient.

Wie wäre es z. B. mit »ok« (ohne Kinder): »Ich bin ok, du bist ok«.

Januar 2014

Ein anderes Wort für »alleinerziehend«

Im März las ich an der Uni Leipzig aus meinem neuen Buch, *Gerecht und Geschlecht*. In der anschließenden Diskussion fragte mich eine Zuhörerin nach meiner Meinung über das Wort »Alleinerziehende«, es hätte so negative Assoziationen. Ihr Verein SHIA (Selbsthilfe für Alleinerziehende) sei verzweifelt auf der Suche nach einer besseren Bezeichnung. Ich hatte mir dazu noch kaum Gedanken gemacht und konnte nur beisteuern, dass der Verband ja ursprünglich »Verband lediger Mütter« hieß. Erst später nannten sich die »ledigen Mütter« um in »alleinstehende« und schließlich in »alleinerziehende Mütter«. Und schließlich haben sich die Männer hineingedrängt und noch dazu verlangt, sie gefälligst im Verbandsnamen zu berücksichtigen. Ich erinnere mich noch gut an die heftigen Debatten in der Frauenbewegung pro und kontra Zulassung »alleinerziehender Väter«. Auch dass der Verbandsname durch die herrische 10-Prozent-Minderheit der Männer noch länger wurde, missfiel gründlich. »Verband lediger Mütter« war wenigstens kurz und griffig gewesen. Inzwischen läuft der Verband auch unter dem Namen VAMV, aber was das bedeutet, wissen wohl nur die Mitglieder selber.

Die Geschichte der Bezeichnungen von »ledige Mütter« über »alleinstehende Mütter« zu »alleinerziehende Mütter« ist ein klassisches Beispiel für das, was die Linguistin Muriel R. Schulz schon 1975 als »The Semantic Derogation of Woman« (Die semantische Beeinträchtigung der Frau) diagnostizierte: Damit ist die fatale Tendenz weiblicher Bezeichnungen gemeint, semantisch »abzurutschen«, durch Männer immer negativer aufgeladen zu werden, bis schließlich eine neue Bezeichnung hermuss. Die Entwicklung von »Weib« über »Frau« zu

»Dame« ist das bekannteste deutsche Beispiel für diese Tendenz.

Nun also soll ein neues Wort für »Alleinerziehende/r« gefunden werden. Wäre eine reuige Rückkehr zu »ledig« denkbar? 1967, als Luise Schöffel ihren Verband gründete, blickte die Gesellschaft noch verächtlich auf »ledige Mütter« herab, aber das hat sich in den letzten 50 Jahren ja völlig geändert. »Ledig« trifft heute allerdings nicht mehr das, was »alleinerziehend« bedeutet. Viele Paare heiraten nicht, kümmern sich aber gemeinschaftlich um die Kinder und sind also nicht »alleinerziehend«.

»Ledig« kennen wir sonst nur noch in der festen Wortverbindung »aller Sorgen ledig« (die ledige Mutter hat zwar jede Menge Sorgen, aber die Sorge mit dem Ehemann hat sie nicht). Stattdessen sagen wir auch »sorgenfrei«, und »frei« hat ja nur die allerbesten Konnotationen in unserer freiheitsliebenden Gesellschaft, bis hin zu den freilaufenden Hühnern. »Verband freilaufender Mütter und Väter«? Ich gebe zu, dass mir der Ausdruck gut gefällt, aber da bin ich wahrscheinlich die Einzige. Ich galt schon in der Schule als skurril.

Hier mein letztes Angebot: »Verband der Familienoberhäupter«. Ist kurz und hat sehr gehobene Konnotationen, die allerhöchsten sozusagen, denken wir nur an das nah verwandte »Staatsoberhaupt«. Das Wort mag uns etwas patriarchal vorkommen, aber gerade weil die patriarchale Institution des automatisch männlich gedachten Familienoberhaupts abgeschafft ist, ist das Wort wieder frei verfügbar geworden und kann sich in einem neuen Kontext neu bewähren.

Das Familienoberhaupt ist per definitionem allein und somit auch alleinerziehend, es hat keine anderen Familienoberhäupter neben sich. Und es ist grammatisch neutral, die lästige Doppelung für die männliche

10-Prozent-Minderheit entfällt also, und die paar Männer können sich trotzdem wiederfinden. Außerdem erzieht das Familienoberhaupt nicht nur, sondern es sorgt und macht und tut von früh bis spät und trägt die Verantwortung für die Familie. Das verdient Respekt, der mit der anspruchsvollen Selbstbezeichnung »Familienoberhaupt« auch deutlich eingefordert wird.

Ich erzählte Joey von meiner Idee. Sie kam gerade von einem sechsstündigen schweißtreibenden Babysitting bei unserem Enkelkind. »Familienoberhaupt?«, rief sie aus. »Familienoberhaupt ist das Kind, das steht mal fest.«

April 2014

Hiermit erkläre ich Sie zu Frau und Frau

Seit zwei Wochen dürfen in England und Wales lesbische und schwule Paare heiraten. Hetero- und homosexuelle Paare sind rechtlich vollkommen gleichgestellt. Über zwei frisch vermählte Herren meldete die *Zeit* aus diesem Anlass: »Das Paar ist seit sieben Jahren zusammen – und nun offiziell ›Mann und Mann‹«. Die Formel klingt komisch, und das ist wohl auch beabsichtigt. Auf Englisch sind sie nicht »man and man«, sondern »husband and husband«. Zwei miteinander verheiratete Frauen sind »wife and wife«. Auch das klingt recht ungewohnt.

Auf Deutsch wären die beiden vielleicht »Mann und Mann« – aber bei uns sind Homo- und Heterosexuelle noch nicht gleichgestellt. Lesbische Frauen und schwule Männer können vorerst nur eine eingetragene Lebenspartnerschaft miteinander eingehen. Sie können sich, so ein anderer hässlicher Ausdruck, »verpartnern lassen«. Die Formel, die die Standesbeamtin dann ausspricht, lautet: »Hiermit erkläre ich Sie zu Lebenspartnern«. »›Das ist wohl die beste Formulierung‹, erklärt Andreas Unterforsthuber von der städtischen Stelle für gleichgeschlechtliche Lebensweisen (KGL), ›obwohl auch möglich wäre zu sagen: Hiermit erkläre ich Sie zu Mann und Mann oder zu Frau und Frau‹.« (Quelle: *Süddeutsche*)

Ich hoffe doch, dass die StandesbeamtInnen genügend Sprachgefühl besitzen, zwei Frauen zu LebenspartnerINNEN zu erklären. Aber selbstverständlich ist das nicht, wie Berit und Angelika kürzlich bei ihrer Verpartnerung erleben durften. Der Standesbeamte war jung und eifrig – und sprach die ganze Zeit im Maskulinum über sie. Sie ertrugen es mit Nachsicht.

In der Sendung *Woman's Hour* vom 28. März erörterte Jenni Murray mit »Betroffenen« die neue Terminologie, die das neue Gesetz mit sich bringt.

Linguistisch war das alles hochinteressant. Zwei frisch verheiratete Lesben erzählten, sie wären in Kanada legal verheiratet gewesen. Aber in England wurde ihre Ehe nicht anerkannt, nach englischem Recht lebten sie nur in einer »civil partnership«. In Kanada nannten sie einander »my wife«, in England aus Protest »my ex-wife«. Nun kann also wieder »my wife« gesagt werden, und darüber waren sie glücklich. Jenni Murray fragte: »Aber ist nicht die Bezeichnung *wife* patriarchal belastet? Steht nicht *wife* für Unterordnung und Unterwürfigkeit schlechthin?« »Ach was«, meinten die beiden, sie liebten diesen Ausdruck und könnten nicht genug davon kriegen. Und zwischen zwei Frauen wäre das ja auch ein ganz anderer Umgang, der sicher bald auf »wife« abfärben würde. Und außerdem wäre es soo praktisch! Keine langatmigen Coming-out-Verrenkungen mehr, sondern alle bekämen kurz und bündig zu hören »May I introduce – my wife«, und damit herrsche Klarheit.

Den einen gefällt an der »neuen Terminologie« die Möglichkeit des Überraschungsschlags, den anderen genau das Gegenteil. Ihnen hilft die neue Sprachregelung, gegenüber Leuten, die es nichts angeht, gemütlich im Closet zu verbleiben. So zeigte sich eine der neu verheirateten Lesben erfreut darüber, dass sie nun auf die Frage nach ihrem Zivilstand einfach sagen könnte »I'm married« und nicht zu einem Coming out gezwungen werde wie bisher mit der Auskunft »I'm in a civil partnership«.

So bietet denn die neue Terminologie den Findigen für jedes Bedürfnis etwas. Schade, dass Christa Reinig (1926-2008) das nicht mehr erleben durfte. Sie schrieb schon 1979 in ihrer wunderbaren Gedichtsammlung »Müßiggang ist aller Liebe Anfang«:

> Meine frau ist krank, sag ich
> Achherrje! sagt die nachbarin
> und denkt putzfrau.

April 2014

Social freezing: Was ist sozial am Eier-Einfrieren?

»Laut und Luise« ist ein feministischer Blog mit linguistischem Einschlag – und umgekehrt. Seit etwa zehn Tagen geistert ein neuer Ausdruck durch die deutschen Medien und bewegt die Gemüter: *Social freezing*. Er verdient sowohl feministische als auch linguistische Beachtung und eignet sich deshalb für meinen Blog wie selten etwas.

»Social freezing« sagt die deutsche Wikipedia, »bezeichnet das vorsorgliche Einfrieren von unbefruchteten Eizellen ohne medizinischen Grund.« Facebook und demnächst auch Apple wollen ihren Mitarbeiterinnen das Einfrieren ihrer noch jugendfrischen Eier finanzieren, damit sie sich nicht mit vorzeitigem Kinderkriegen die Karriere verderben und Schwangerschaften bis zu einem Zeitpunkt ihrer Wahl hinausschieben können.

Die langwierige und unangenehme Prozedur kostet rund 20.000 Dollar. Ob auch die Facebook- und Apple-Putzfrauen in den Genuss dieser Großzügigkeit kommen oder nur das hochqualifizierte »kreative« weibliche Tech-Personal, konnte ich nicht herausfinden. Aber es darf bezweifelt werden, denn Facebook und Apple interessieren sich fürs Geschäft, nicht für Wohltätigkeit. Mit *sozialem* Wohnungsbau und anderen *Sozial*maßnahmen hat *social freezing* nichts zu tun, im Gegenteil.

Die deutschen Stellungnahmen zum »social freezing« waren geteilt. Die einen begrüßten, dass Frauen jetzt eine Option mehr für das Timing ihres Kinderwunschs haben, die anderen – zu denen auch ich mich zähle – fanden, es gäbe bessere und dringlichere Methoden der Frauenkarriereförderung, z.B. ausreichende Kinderbetreuung in den Betrieben, finanzielle und sonstige Anreize für Väter, sich an der Kinderbetreuung paritätisch zu beteiligen. Etwa so: »Facebook und Apple stellen nur solche Männer ein, die als Väter die Hälfte der Kinderbetreuung übernehmen.«

Oder so ähnlich. Die norwegische Schriftstellerin Gerd Brantenberg hat es bereits in den 70er Jahren des vorigen Jahrhunderts vorgedacht. Ihre klassische Satire »Die Töchter Egalias« beginnt mit dem bemerkenswerten Satz: »Schließlich sind es noch immer die Männer, die die Kinder bekommen.« Und zwar bekommen sie sie zur Aufzucht, denn im strengen Matriarchat Egalias hat die Frau mit Schwangerschaft und Gebären schon genug für das Wohl und den Fortbestand der Gesellschaft geleistet. Die Väter sind durch die Kinder ans Haus gebunden und müssen es trotzdem irgendwie schaffen, die Säuglinge den Müttern, die sich um die Staats- und Geldgeschäfte kümmern, rechtzeitig zu den Stillzeiten an die Brust zu legen. Kein Wunder, dass die Söhne Egalias ständig am Rande des Nervenzusammenbruchs sind.

Kommen wir nun von der Sache zum Wort. Es war weniger die öffentliche Debatte als vielmehr der seltsame Ausdruck »social freezing«, der mich stutzig machte. Er wirkt wie ein Oxymoron, ein Widerspruch in sich, denn »sozial« assoziieren wir mit »warm, fürsorglich« und »gefrieren« mit »kalt, abweisend«.

Um dem Ausdruck auf den Grund zu gehen, recherchierte ich eine halbe Stunde lang im Internet nach »social freezing«. Auf anglo-amerikanischen Seiten fand ich den Ausdruck bis heute nicht. Dort heißt es vielmehr durchgehend »egg freezing for social reasons«, also »Einfrieren von Eiern aus sozialen (im Gegensatz zu medizinischen) Gründen«. Manchmal wird es verkürzt zu »social egg freezing« aber niemals zu »social freezing«. Dieser merkwürdige Ausdruck findet sich nur in den deutschen Medien, und zwar völlig unhinterfragt. Wer ihn – möglicherweise versehentlich – in die Welt gesetzt hat, konnte ich nicht eruieren. Ziemlich wahrscheinlich aber ist, dass in der Folge alle anderen von ihm, ihr oder voneinander abgeschrieben haben, so dass sich der sonderbare Ausdruck in Windeseile verbreiten konnte. Ein gutes Beispiel dafür, wie dubiose Nachrichten sich heute als verbindliche Norm durchsetzen können.

Wenn *egg-freezing* zu *freezing* verkürzt wird, so folgt man damit einem Abkürzungs- und Verschleierungstrieb, der auf dem Gebiet der weiblichen Fortpflanzung besonders aktiv ist. Aus »Abtreibung der Leibesfrucht / des Fötus« wird »Abtreibung«, aus »Abbruch der Schwangerschaft« wird »Abbruch«. Zum Vergleich: »Abbruch des Studiums« ist nicht einfach »Abbruch«. »Social freezing« geht aber noch einen Schritt weiter. Es ist, wie wenn die Medien plötzlich von »sozialer Abtreibung« oder »ethischer Abtreibung« reden würden statt von »Abtreibung aus sozialen bzw. ethischen Gründen«.

Bleibt abschließend nur noch eine Frage zu klären: Wenn das Einfrieren der Eier so sozial ist – warum werden Männer dann davon ausgeschlossen? Vielleicht bringt »natural freezing« einen Ausgleich. Manchmal nämlich lässt Mutter Natur es so kalt werden, dass die Männer sich die Eier abfrieren. Der Winter naht – bald ist es wieder so weit.

Oktober 2014

Film und Fernsehen

Übersetzungsvorschläge für »Boyhood«

Mannomann! Seit Ende Januar stecken wir hier in Boston knietief im Schnee – ach was knietief, er liegt mannshoch. Nicht nur die Gullys sind zugeschneit, auch die Mannlöcher (*manholes*).

Vorgestern sah ich im TV Charlie Rose im Gespräch mit Ethan Hawke, der für seine Vater-Rolle in »Boyhood« als bester Nebendarsteller für den Oscar nominiert wurde. Die Sendung kam wie gerufen für meine Glosse über *Boyhood*. Der Film von Richard Linklater ist für insgesamt sechs Oscars nominiert und hat bei den Golden Globe Awards schon den Preis für »Best Drama« und soeben bei den British Film Awards (BAFTA) den Preis für Regie und den besten Film bekommen.

Wir hätten uns den vielgepriesenen Film letztes Jahr ja schon mal ansehen können, hatten aber keine Lust. *Boyhood* liegt uns gender- und altersmäßig nicht besonders nahe und hängt uns als Dauerthema unserer Herrenkultur sowieso zum Hals heraus. »Boyhood«, »Manhood«, »brotherhood of man« – wo ist schon groß der Unterschied, Mann?

In Deutschland und Frankreich läuft der Film unter seinem Originaltitel, und dies wohl nicht (nur) weil die deutsche wie die französische Popkultur stark amerikanisiert sind und ein englischer Titel sich normalerweise besser vermarktet.

Nein, »Boyhood« ist einfach schlecht übersetzbar. Und das macht den Titel linguistisch interessant. Auch aus der Perspektive der feministischen Linguistik.

Ethan Hawke erzählte, Linklater hätte ihm Tolstois autobiografische Erzählung *Childhood, Boyhood, Youth* (детство, отрочество, юность / Detstvo, otročestvo, junost') zu lesen gegeben – das wunderbare Buch hätte sie beide sehr inspiriert.

Auf Französisch heißt Tolstois Erstling *Enfance, adolescence, jeunesse*. Frühere Übersetzungen ins Deutsche trugen bis in die 20er Jahre des vorigen Jahrhunderts Titel wie *Kindheit, Knabenjahre (oder -alter), Jünglingsjahre*. Seit den dreißiger Jahren sind die »Knaben« und die »Jünglinge« aus der Mode; sie waren für Hitler vielleicht zu weich und gemütvoll, er bevorzugte »Hitlerjungen« – »hart wie Kruppstahl, zäh wie Leder« usw. Mit den »Knaben« und »Jünglingen« verschwanden auch »Knabenzeit«, »Knabenjahre« und »Jünglingsjahre«. Tolstois Buch heißt seither schlicht *Kindheit und Jugend*.

Die »Jungen« bzw. »Jungs« sind uns bis heute geblieben. »Boyhood« könnte also theoretisch mit »Jungenzeit« oder »Jungenjahre« übersetzt werden – aber das Wort gibt es anscheinend nicht. Google zeigt keine Ergebnisse, auch nicht der Duden. (Was der Duden dagegen unter »Mädchenjahre« meldet, ist zu schön, um es zu verschweigen: »Bedeutung: ›jemandes Zeit als Mädchen‹. Klingt nach »Jugend eines Transmanns«. Den Film »Mädchenjahre einer Königin« habe ich aber ganz anders in Erinnerung.)

»Boyhood« könnte auch übersetzt werden mit »Kindheit eines Jungen« – aber das klingt nicht so allgemeingültig wie »Boyhood«. Edgar Reitz nannte seinen Vielteiler *Heimat* und nicht *Meine Heimat*, um auszudrücken, dass er Heimat an sich und als solche meinte. Und Linklaters *Boyhood*-Film soll wohl ebenso exemplarisch für alle »Boyhoods« dieser Welt stehen.

Und warum konnte der Film auf Deutsch nicht einfach *Jugend* heißen, kurz und knackig? Schließlich wuselt in dem Film ja auch noch ein Mädchen herum, Linklaters eigene Tochter Lorelei. Die wird nun durch *Boyhood* völlig ausgeblendet, genau wie das Elternpaar des »boys«. Aber auch wenn die Fokussierung auf den Jungen Absicht war, wäre »Jugend« als deutscher Titel noch recht passend, denn zu Beginn des Film ist der jugendliche Held sechs und am Ende 18 Jahre alt – und damit schon jahrelang eher ein Jugendlicher als ein Boy. Und was die in »Jugend« normalerweise mitgemeinten Mädchen betrifft, so sind wir schon daran gewöhnt, dass sie gerne ausgeblendet werden: Vor 70, 80 Jahren verbrachten nichtjüdische deutsche Mädels ihre Girlhood im Bund deutscher Mädel (BdM), nichtjüdische deutsche Jungs ihre Boyhood aber nicht im BDJ – einen »Bund deutscher Jungs« gab es nicht. Die »Jugend« bzw. was Hitler darunter verstand, kam in die Hitlerjugend und von dort an die Front.

Oh boy – manchmal ist es von Vorteil, nicht mitgemeint zu sein, Mädels.

Zum Weiterlesen: Judy Bermans kluger Artikel »What If ›Boyhood‹ Were ›Girlhood‹? A Thought Experiment« auf flavorwire.com.

Januar 2015

Fragen über Fragen: Kein Platz für die wichtigen Fragen bei »Wer wird Millionär?«

Vergangenen Montag wurden bei *Wer wird Millionär?* wieder Promis gegrillt. Wie mir aus gut unterrichteten Kreisen geflüstert wurde, gab's diesmal sogar für Feministinnen was zu sehen. Überzeugen Sie sich selbst. Zuerst hatte Anke Engelke mit einer Frage zu kämpfen, die direkt von feministischer Sprachkritik inspiriert schien:

In welcher Berufsgruppe lag der Anteil männlicher Beschäftigter in den letzten Jahren bei knapp unter 5 %:

A) Kassierer
B) Kita-Betreuer
C) Friseure
D) Apotheker

Engelke beantwortete die Frage schließlich korrekt mit »Kita-Betreuer«. Was niemanden interessierte, war die Frage: Wenn es doch über 95 % Frauen sind – warum heißen die dann nicht »Betreuerinnen«?

Geschenkt. Wir wollen hier nicht kleinlich werden. Oder größenwahnsinnig. Es gibt nun mal Fragen, auf die niemand kommt. Meist sind das die feministischen.

Nur Engelke, die einzige Frau unter den Promis, schaffte es über die 125-€-Frage hinaus, sogar bis zur Eine-Million-Euro-Frage. Die lautete:

Was hat die gebürtige Düsseldorferin Luise Rainer, die 2014 im Alter von 104 Jahren gestorben ist, zweimal hintereinander gewonnen?

A) Den Chemie-Nobelpreis
B) Die Miss-World-Wahl
C) Den Schauspiel-Oskar
D) Das Wimbledon-Tennisturnier

Engelke vermutete, es sei die Miss-World-Wahl, irgendwas Obskures Anfang der dreißiger Jahre. Alles andere hätte sie ja wohl schon irgendwann mal hören und also jetzt wissen müssen. Falsch! Hätte Engelke mich als Expertin angerufen, hätte ich ihr locker zu einer weiteren halben Million verhelfen können. Na, vielleicht nächstes Mal! Ich helfe in dem Laden allerdings erst dann aus, wenn er sich *Wer wird Millionärin?* nennt.

Jauch und Engelke krausten die Stirnen um die Wette. Jauch: »Wenn die eins von den Sachen gewonnen hat, hätt ich's wissen müssen. Ich hab den Namen noch *nie* gehört.«

Schließlich las er ungläubig die Antwort auf seinem Bildschirm und verkündete dann: »Die hat tatsächlich zweimal hintereinander den Oscar gewonnen, und zwar als beste Hauptdarstellerin, einmal in einem Musical, und einmal hat sie eine chinesische Bäuerin gespielt.«

Auch das Publikum hatte noch nie von Luise Rainer gehört. Sehr seltsam. Immerhin ist sie die einzige Deutsche, die jemals den Oscar für die beste weibliche Hauptrolle gewonnen hat, und das gleich zweimal, 1936 für *The Great Ziegfeld* und 1937 für *The Good Earth* nach dem Roman von Pearl S. Buck. Warum schmückt sich Deutschland nicht mit ihr, wie mit Max Schmeling, der 1936 Joe Louis besiegte, den berühmtesten Boxer der Welt, der als unschlagbar galt?

Wikipedia über Schmeling: »... gilt bis heute als einer der populärsten Sportler Deutschlands.«

Für Luise Rainer dagegen dürfte das Gegenteil gelten: »bis heute eine der (in Deutschland) unbekanntesten deutschen Schauspielerinnen von Weltruf«.

Engelke und Jauch nahmen es kopfschüttelnd hin, dass sie es nicht gewusst hatten, und das Publikum auch nicht. Niemand überlegte auch nur kurz, woran das wohl liegen mochte. Mich aber interessierte diese Frage, und ich beantwortete sie mir mit: »Es sind die dreißiger Jahre, die Nazis sind an der Macht, vermutlich war Luise Rainer Jüdin. Schmeling dagegen nicht. Rainers Erfolg in den USA wird vor den Deutschen verborgen, während Schmelings gleichzeitiger Erfolg an die große Glocke gehängt wird. Und die Glocke tönt weiter, bis heute.« Meine Vermutung wurde durch eine kurze Recherche im Internet bestätigt.

Schmelings Sieg »wurde von der NS-Propaganda politisch missbraucht als ›Beweis für die Überlegenheit der arischen Rasse‹. In den Kinos wurde auf Weisung Hitlers der Kampf unter dem Titel ›Max Schmelings Sieg – ein deutscher Sieg‹ vorgeführt« (Wikipedia).

Rainers Sieg, sogar der Doppelsieg, wurde hingegen totgeschwiegen. Zu peinlich einfach, dass es ausgerechnet eine Jüdin zu diesem internationalen Triumph gebracht hatte. Wie bei der jüdischen Hochspringerin Gretel Bergmann musste verhindert werden, dass eine jüdische Deutsche die »arische« deutsche Frau demütigt.

Jauch, seine KandidatInnen, sein Publikum und auch die Journalisten, die über sein Quiz berichteten, wissen bis heute über eine der erfolgreichsten deutschen Schauspielerinnen nur das, was Hitler und Goebbels dem deutschen Volke vor 80 Jahren zu wissen gestatteten: Nichts. Und da sie noch nicht einmal neugierig sind und nachbohren, wieso Luise Rainers Triumph ihnen und allen anderen bis heute so völlig entgehen konnte, werden sie auch so bald nicht schlauer werden. Es sei denn, sie lesen diese Glosse.

PS: Gretel Bergmann, die im April 101 Jahre alt wurde, und Luise Rainer, die 104 Jahre alt wurde, lebten beide rund achtmal länger als das Tausendjährige Reich. Ätsch!

Juni 2015

Gerechte Sprache

Können Schwule auch lesbisch sein?

Vorgestern veröffentlichte die Gesellschaft für deutsche Sprache (GfdS), die uns auch regelmäßig das »Wort des Jahres« beschert, eine Pressemitteilung, betitelt: »Das Wort *schwul*«. Untertitel: »Schon lange kein Tabu mehr, aber noch nicht vollständig wertfrei« (Quelle: gfds.de).

Wie schön für die Schwulen – aber was ist mit den Wörtern *lesbisch* und *Lesbe*? Dürfen auch Lesben hoffen? Um Lesben geht es der Gesellschaft für deutsche Sprache nicht vordringlich. Wir sind aber »irgendwie mitgemeint«, werden in dem Papier hin und wieder erwähnt. Wir kennen das: Die Lesbe als nachträglicher Einfall bei der Diskussion um Homosexuelle, genau wie die Frau beim Thema Menschen und die Sängerin beim Thema Sänger dem einen oder anderen bisweilen auch noch einfällt. Die eigentlichen Menschen/Sänger sind aber die Männer, die eigentlichen Homosexuellen sind die Schwulen.

In der neuen *Emma* gibt es zu meinem 70. Geburtstag ein Porträt über mich, geschrieben von Chantal Louis. Es musste so eilig fertig werden, dass ich es nicht, wie ursprünglich versprochen, gegenlesen konnte. Das Porträt gefällt mir, nur werde ich gleich im Anrisstext als »Homosexuelle« bezeichnet:

> Sie wird am 14. Januar 70 und ist eine Pionierin: als Sprachwissenschaftlerin, als Feministin, als Homosexuelle.

Als ich Chantal fragte, wieso sie mich »Homosexuelle« nennt, schrieb sie: »… spätestens seit dem Kampf ums Homo-Mahnmal haben wir uns angewöhnt, auch Lesben als (weibliche) Homosexuelle zu bezeichnen, weil darunter gemeinhin nur Schwule verstanden werden und das aufhören muss.«

Ich schrieb zurück:

> danke für Deine Gedanken zum Thema, alles sehr relevant. Für mich das wichtigste Argument gegen »Homosexuelle« für Lesben ist, dass »Lesben« mit Sicherheit eine Selbstbezeichnung ist und »Homosexuelle« eine Fremdbezeichnung.

Wie wir grade drüber reden, fiel mir wieder ein, dass ich ja auch darüber schon vor Urzeiten einen längeren Text geschrieben habe:

»Ein Streit um Worte? Eine Lesbe macht Skandal im Deutschen Bundestag«, in: Luise F. Pusch: *Die Frau ist nicht der Rede wert: Aufsätze, Reden und Glossen.* Frankfurt/M. 1999, S. 37-67 (Urfassung 1995).

Damals ging es darum, dass die Wörter »Lesben« und »Schwule« als sog. »Wörter aus der Gosse« im Bundestag nicht benutzt werden durften. Stattdessen sollten die Lesben und Schwulen das Wort »Homosexuelle« benutzen.

Definitiv, da ist mal eine Glosse fällig.

Diese fällige Glosse schreibe ich gerade; die Pressemitteilung der GfdS brachte mir das liegengebliebene Vorhaben wieder ins Gedächtnis. Übrigens bekam ich wegen des *Emma*-Anrisstexts unflätige Schelte von einer meiner Leserinnen, die wohl annahm, ich hätte mir die Bezeichnung »Homosexuelle« selbst ausgesucht.

Ich fasse zusammen:

- Mit »schwul« und »homosexuell« werden bisweilen auch Lesben »mitgemeint«, aber nur, wenn es unbedingt sein muss. Die meisten verstehen unter »Schwulen« und »Homosexuellen« nur Männer.
- Die *Emma* entwickelte gegen das Übergangenwerden und Höchstens-mal-Mitgemeintsein die Taktik, Lesben entgegen ihrem eigenen Sprachgebrauch als »Homosexuelle« zu bezeichnen.
- Die Taktik scheint mir verfehlt, weil sie Lesben ihre Selbstbezeichnung verweigert und sie mit einer überholten, klinischen Fremdbezeichnung irritiert.
- Besser wäre es, immer wenn von Schwulen die Rede ist und die Ausdrücke mal abgewechselt werden sollen, nicht einfach »Homosexuelle«, sondern penetrant und korrekt »männliche Homosexuelle« zu sagen.
- Hilfreich wäre es auch, die sexuelle Orientierung der Hetero-, Bi- und Asexuellen ebenfalls getreulich zu vermerken. Die stillschweigende Voraussetzung, dass alle Menschen heterosexuell sind und ihre sexuelle Orientierung infolgedessen nicht erwähnenswert, muss aufgeweicht werden.
- Und schließlich könnten wir mit *Lesbe* und *lesbisch* gelegentlich auch Schwule mitmeinen und somit das generische Femininum mal *gänzlich* andersrum einsetzen: »Meine Tante ist lesbisch, mein Onkel auch!«

Januar 2014

Bläblä

Zwei ganze Seiten (124-5) widmet der *Spiegel* dieser Woche (13/2014) dem Thema geschlechtergerechte Sprache. Am Schluss werde ich als »Grande Dame der feministischen Linguistik« vorgestellt, die angeblich folgendes Programm verfolgt:

> Erst will sie die Männer mit dem generischen Femininum (»Herr Ärztin«) so lange nerven, bis die ein Bewusstsein fürs Problem bekommen. Im nächsten Schritt soll die weibliche Endung *-in* ganz abgeschafft, und alle Personen sollen ins Neutrum gesetzt werden. Es hieße dann für alle: das Kanzler, das Professor. Was für Aussichten. Endlich wäre über allen Gender-Gipfeln Ruh. Es gäbe kein männlich mehr und kein weiblich. Nur noch das Sams. Und endlose Langeweile.

Langeweile und fast so etwas wie Resignation erzeugen bei mir die endlosen Falschmeldungen, die die Männerpresse sich zu dem Thema aus den Fingern saugt.

Erstens: Die Anrede »Herr Ärztin« bzw. »Herr Professorin« hat sich der *Spiegel* im Juli 2013 ausgedacht, als Reiz-Titel für seinen Bericht über das generische Femininum an der Uni Leipzig. Sie erinnern sich: In der Grundordnung der Uni Leipzig wurde das bisher übliche generische Maskulinum durch ein generisches Femininum ersetzt. Wir finden in dieser Grundordnung wohlklingende Sätze wie

> § 3 (6): Inhaberinnen einer Funktion … sind verpflichtet, nach Ablauf ihrer Amtszeit ihre Funktion … verantwortungsvoll weiterzuführen, bis eine Nachfolgerin bestellt oder gewählt ist, wenn keine Stellvertreterin oder Ersatzvertreterin bestimmt ist.

Von »Herr Professorin« ist nirgends die Rede. Vielmehr heißt es in der Grundordnung ausdrücklich: »Männer können die Amts- und Funktionsbezeichnungen dieser Ordnung in grammatisch maskuliner Form führen.«

Zweitens: Ich habe zwar vorgeschlagen, das »-in« irgendwann einmal abzuschaffen, da es im Kern diskriminierend ist und wir Frauen »die Stämme besetzen« sollten, wie ich das genannt habe. Wir sagen »die Angestellte« und »der Angestellte« – die Endung »-in« ist nirgends zu sehen und offenbar nicht nötig, um die Geschlechter auseinanderzuhalten. Also könnten wir auch »die Arzt« und »der Arzt« sagen. »Das Arzt« benutzen wir nur für »hypothetische Personen«, wenn keines der beiden Geschlechter bevorzugt werden soll, also typischerweise in Stellenanzeigen oder bei dem bekannten Spruch »Fragen Sie ihr Arzt oder Apotheker«.

Die Neigung des *Spiegel* zu oberflächlicher Recherche und gezielten Falschmeldungen brachte mir dann eine Anfrage des *Guardian* ein – eine Zeitung, die ich sehr schätze. Hoffnungsvoll wurde ich gefragt, ob nun die elenden deutschen Genera endlich abgeschafft würden, das fänden in England sicher alle ganz wunderbar, die sich mit der deutschen Grammatik und *der*, *die*, *das* abplagten. Ich musste den Interviewer leider enttäuschen.

Der *Spiegel*-Artikel steht nicht online, und das ist auch gut so. Es ist ein sorgfältig zusammengerührter Kübel von Häme, der da über die »Gender-Riege«, die »schmallippigen Kriegerinnen« und »Säuberungs-Kommandos« ausgegossen wird, die mit ihren »schrulligen Plänen« angeblich »Östrogen ins semantische Grundwasser kippen«.

Wir sehen, der Verfasser ist erregt und schlägt verbal um sich. Lassen wir ihn toben – die Karawane (weiblich!) zieht weiter. Nur einen kurzen Kommentar noch zu dem Schimpfwort »Blähdeutsch«, das er für »geschlechtergerechtes Deutsch« gefunden hat. Genauer gesagt, er hat den Ausdruck nicht erfunden, sondern nur seine Bedeutung ausgedehnt. Mit »Blähdeutsch« wird üblicherweise der Gebrauch langer Ausdrücke anstelle von kurzen getadelt. Also etwa »Räumlichkeiten« statt »Räume«, »zur Anwendung bringen« statt »anwenden«.

Ich könnte mir vorstellen, dass »Blähdeutsch« als Schmähwort gegen gegendertes Deutsch um sich greift. Für diesen Fall sollten wir eine Antwort parat haben. Z.B. Folgendes: »Sie vergleichen Frauen mit Blähungen? Geht's noch?«

Eine Antwort nutze ich schon lange, wenn wieder mal die »unerträgliche Schwerfälligkeit der Doppelformen« beklagt wird: »Ja, Sie haben völlig recht – es ist zu lästig, die Männer immer mitzuerwähnen!«

März 2014

Sprachliche Diskriminierung hat viele Gesichter – welches ist das schlimmste? Teil 1

In der vergangenen Woche entrüsteten sich die Männermedien wieder mal über die feministische Sprachkritik und die sprachkritischen Anregungen der Genderqueer Community. Der *Spiegel* 17/2013 veröffentlichte am 22.4. einen Artikel von Ralf Neukirch, betitelt »Sein Name ist Sie«, und in der *Bild*-Zeitung empörte sich am 21.4. Hans-Jörg Vehlewald: »Mitarbeita« »Doktox« – »So soll unsere Sprache entmännlicht werden«, Untertitel: »Wer denkt sich sowas aus?«

Ja wer nur? Ganz normale Mitmenschen wie du und ich. Die *Bild*-LeserInnen, von Vehlewald schön aufgehetzt, zweifeln allerdings in ihren Kommentaren entweder am Verstand der SprachkritikerInnen, oder sie halten sie für KifferInnen – und das Kiffen an den Unis nähme überhand und sollte verboten werden.

Eigentlich bin ich es leid, auf solche Schmähschriften zu reagieren, aber diesmal waren mir die Elaborate des

Spiegel und der *Bild*-Zeitung sogar willkommen. Zufällig arbeite ich gerade an einem Artikelchen über die wichtigsten derzeit kursierenden geschlechtersensiblen Schreibweisen, als da sind: Generisches Femininum, Binnen-I, Unterstrich und Genderstern. (Das Endergebnis ist die Glosse »The P!nk solution«, S. 44f.) Und durch die *Bild*-Zeitung fand ich immerhin, wenn auch auf Umwegen, die neuste Veröffentlichung zum Thema – und Ursache des *Bild*-Unmuts, den 54 Seiten starken Sprachleitfaden HU Berlin 2014. Einen Link suchen wir bei *Bild* allerdings vergeblich, *Bild* verlinkt anscheinend nur zu *Bild*-Artikeln.

Der Leitfaden wurde veröffentlicht von der AG feministisch sprachhandeln; verantwortlich zeichnen Anna Damm, Evelyn Hayn, Lann Hornscheidt und Sonja Weeber.

Leitfäden werden seit den Anfängen der feministischen Sprachkritik veröffentlicht, zuerst waren da die »Guidelines for non-sexist language«, die wir für das Deutsche adaptierten. 1980 veröffentlichten Ingrid Guentherodt, Marlis Hellinger, Senta Trömel-Plötz und ich die ersten deutschsprachigen »Richtlinien zur Vermeidung sexistischen Sprachgebrauchs« in der Zeitschrift *Linguistische Berichte*.

Ob »Guidelines«, »Richtlinien« oder »Leitfaden« – diesen Namen haftet etwas Dirigistisches an. Und das war auch beabsichtigt. Wir lehnten die sexistische Sprache ab und wollten nicht nur »Anregungen geben« und »Vorschläge machen«, wie es besser zu machen wäre. Nein, wir wollten, dass unsere Vorschläge möglichst zu Vorschriften würden. Und im Laufe der Zeit wurden sie es auch. Die Amtssprache wurde dahingehend geändert, dass Frauen genannt werden sollten, wenn Frauen gemeint waren. Wir wollten nicht mehr im Maskulinum »mitgemeint« bzw. begraben sein.

Die neue Broschüre aus Berlin hat einen anderen Charakter. Zwar wird sie in der online-Adresse »sprachleitfaden« genannt, aber dies Wort kommt im Titel gar nicht vor. Dort heißt es vielmehr »Anregungen«: »Anregungen zum Nachschlagen, Schreiben-Sprechen-Gebärden, Argumentieren, Inspirieren, Ausprobieren, Nachdenken, Umsetzen, Lesen_Zuhören, antidiskriminierenden Sprachhandeln.«

Die ersten Richtlinien konzentrierten sich auf *eine* Diskriminierung, die Diskriminierung aufgrund des Geschlechts, kurz Sexismus genannt. Von dieser Diskriminierung sind fast ausschließlich Frauen betroffen.

Die »Anregungen zum antidiskriminierenden Sprachhandeln« wollen weit mehr. Im Nachwort (S. 53) findet sich folgende Erklärung:

> Die AG versteht sich als feministisch, was für uns heißt, gegen viele, miteinander verbundene strukturelle Diskriminierungen aktiv zu handeln. Zu diesen Diskriminierungen gehören:
> - Sexismus/Genderismus
> - Ableismus (die Herstellung von und Diskriminierung über beHinderung)
> - Rassismus
> - Klassismus
> - Migratismus (die Herstellung von und Diskriminierung über Migration)

»Ageism« (Diskriminierung aufgrund des Alters) und »looksism« (Diskriminierung aufgrund des Aussehens) fehlen seltsamerweise in dieser Aufzählung, obwohl sie vor allem Frauen treffen. Sicher sind die Verfasserinnen der Broschüre alle jung und schön.

Ableismus (von engl. »able« (fähig) als Gegenstück zu »disabled« (behindert)), Rassismus, Klassismus und Migratismus sind Arten von Diskriminierung, die sich u.a.

auch der Sprache bedienen. Sie unterscheiden sich allerdings grundsätzlich von Sexismus/Genderismus, weil sie sich nicht in der Grammatik niedergeschlagen haben, dem tiefsten und dem Bewusstsein unzugänglichsten Teil der Sprachstruktur. Um Ableismus, Rassismus, Klassismus und Migratismus zu bekämpfen, muss ich nicht die Grammatik ändern, sondern »nur« bestimmte Sprechweisen und Elemente des Wortschatzes. Ich muss achtsam und respektvoll sein und meine Privilegien und stillschweigenden Voraussetzungen dauernd überprüfen. Als Beispiel nennt die Broschüre: »In der Aufforderung ›alle lesen bitte diesen Text zum nächsten Mal‹ ist beispielsweise vorausgesetzt, dass ›alle‹ lesen können.« Über dieses Beispiel kann sich Vehlewald (der *Bild*-Mann) nicht beruhigen: »UND DAS AN EINER UNIVERSITÄT!?«, zetert er in Großbuchstaben. Wenn eine die Broschüre nicht kennt, kann dieses aus dem Kontext gerissene Zitat tatsächlich Verwunderung auslösen. Gemeint ist aber wohl, dass es an der Uni auch blinde Studierende gibt, die mit einer so gedankenlosen Formulierung ausgeschlossen werden, falls der Text nicht auch in Brailleschrift verteilt wurde.

Die Broschüre ist lesenswert und regt zum Nachdenken an. In der Abteilung »Sexismus/Genderismus« enthält sie allerdings Anregungen, denen ich nicht folgen werde. Warum, das verrate ich in der nächsten Woche.

April 2014

Sprachliche Diskriminierung hat viele Gesichter – welches ist das schlimmste? Teil 2

Die sprachliche Diskriminierung der Frau, auch sprachlicher Sexismus genannt, ist die einzige sprachliche Diskriminierung, die sich tief in der Grammatik eingenistet hat – und deshalb ist sie am schwierigsten zu bekämpfen. Um dieser Diskriminierung Frau zu werden, müssen wir ans Eingemachte, an die Grammatik eben. Herrische Redewendungen wie »einer Sache Herr werden« umzuwandeln in »einer Sache Frau werden« – das genügt nicht, es kratzt nur am Wortschatz, d. h. bleibt (ziemlich) an der Oberfläche.

Es gibt im Deutschen nur einen grammatischen Prozess, der in etwa mit der sog. Movierung (Femininableitung aus einem Maskulinum) vergleichbar ist, und das ist die Diminutivbildung, die Ableitung einer Verkleinerungsform aus einem Wort, das – relativ zum Diminutiv – die Normalgröße bezeichnet. Frauen stellen mit Unmut fest, dass entsprechend das Maskulinum – relativ zum daraus abgeleiteten Femininum – das »Normalgeschlecht« bezeichnet:

Bauer > Bäuerin
Bauer > Bäuerchen
Bier > Bierchen
Brot > Brötchen
Buch > Büchlein
Frau > Fräulein, Frauchen
Kartoffel > Kartöffelchen
Kleid > Kleidchen
Lied > Liedchen, Liedlein, Liedel.
Magd > Mägdlein > Mädchen
Mann > Männchen, Männlein

Stuhl > Stühlchen
Teller > Tellerchen

Wenn eine Mutter ihr Kind zur Bäckerin schickt mit dem Auftrag: »Bring ein Brot und drei Brötchen mit«, wäre sie wohl erstaunt, wenn das Kind ihr vier Brote anschleppen würde. Das hindert die Mutter allerdings nicht, von den »Freunden« und »Lehrern« des Kindes zu reden, auch wenn es überwiegend Freundinnen und Lehrerinnen sind. So funktioniert die deutsche Sprache eben. Frauen haben sprachlich halt weniger Rechte als Brötchen …

Seit etwa 40 Jahren kämpfen Frauen in vielen Ländern gegen ihre sprachliche Benachteiligung und Unsichtbarmachung, festgeschrieben in der Grammatikregel: »Eine Gruppe von Personen ist eine männliche Gruppe, wenn sie mindestens einen Mann enthält oder enthalten könnte.«[1]

Radikalfeministinnen haben die Regel in den 1980er Jahren einfach umgekehrt: »Eine Gruppe von Personen ist eine weibliche Gruppe, wenn sie mindestens eine Frau enthält oder enthalten könnte.«

Wir haben uns, m. a. W., sprachpolitisch die Männer zum Vorbild genommen, die mit ihrem Anspruch auf die Normalform ja enorm erfolgreich waren. Die zugrundeliegende Machtmechanik hat Lewis Carroll genial auf den Punkt gebracht:

»Wenn ich ein Wort benutze«, sagte Humpty Dumpty herablassend, »dann hat es genau die Bedeutung, die ich wähle – nicht mehr und nicht weniger.« »Die

1 Vgl. hierzu meinen Artikel »Der Piloterich: Ein Beitrag der außerirdischen Linguistik« (1979), in Luise F. Pusch: Das Deutsche als Männersprache: Aufsätze und Glossen zur feministischen Linguistik. Frankfurt/M. 1984, S. 43-45.

> Frage ist«, sagte Alice, »ob du die Wörter dazu bringen kannst, dass sie so viel Verschiedenes bedeuten.« »Die Frage ist«, sagte Humpty Dumpty, »wer der *Herr* ist [im Original: which is to be the *master*] – das ist alles.« (Lewis Carroll, *Alice hinter den Spiegeln*, Hervorhebung L.F.P.)

Die Umkehrung, das generische Femininum, hat im letzten Jahr breite Unterstützung durch die Universitäten Leipzig und Potsdam erhalten. So was hat natürlich Signalwirkung. Andere Institutionen werden nachziehen und die »lästigen Doppelformen« ebenfalls hinter sich lassen, jedenfalls für eine Weile (Stichwort: Rotationsprinzip).

Aus der Transgender und Genderqueer Community kam der Vorschlag, zwischen den Wortstamm und die Feminin-Endung einen sog. Gender Gap bzw. Unterstrich, alternativ ein Sternchen, einzubauen, damit die bisher in dem herrschenden System der Zweigeschlechtigkeit Unterdrückten Transpersonen wenigstens einen symbolischen Ort für sich haben: Lehrer_innen oder Lehrer*innen.

Damit sind wir Frauen optisch allerdings wieder genau da gelandet, von wo wir seit Beginn der feministischen Sprachkritik im deutschsprachigen Raum wegstrebten: auf dem Abstellgleis der Feminin-Endung:

Ob Abtrennung durch Klammern, Schrägstrich, Bindestrich, Unterstrich oder Genderstern – Lehrer(in), Lehrer/in, Lehrer-in, Lehrer_in, Lehrer*in –, für Frauen wird durch diese Mannipulationen nichts erreicht: Uns vermitteln diese Schreibweisen, eine wie die andere, die Botschaft: Die Frau ist zweite Wahl. Dem Normalgeschlecht gebührt der Wortstamm, dem abweichenden Geschlecht die abgeleitete Form. Je weiter dabei das äußere Kennzeichen des Abgeleitetseins, die feminine

Endung, vom Wortstamm entfernt wird durch Zwischenschaltung weiterer, wenn auch gutgemeinter, Elemente – umso mehr wird der Status der weiblichen Zweitrangigkeit betont.

Deswegen war ja das Binnen-I eine so willkommene Erfindung: Es ist von der besten Lösung des Problems, dem generischen Femininum, »nur einen winzigen Klecks Druckerinnenschwärze entfernt« (wie ich 1986 schrieb).[2]

Deswegen plädiere ich weiter für das Binnen-I oder, noch lieber, für das generische Femininum.

April 2014

The P!nk solution: Mit Ausrufungszeichen für gerechte Sprache

Inzwischen sprechen mich die Frauen schon auf der Straße an, was ich denn von diesem Unterstrich hielte, den »neuerdings sogar unsere Frauenbeauftragte favorisiert«. Die Frauen sind sichtlich verärgert, sie wollen nicht, dass der von der Queer Community erfundene Unterstrich das von der Frauenbewegung in Jahrzehnten mühsam erkämpfte und durchgesetzte Binnen-I so mir nichts, dir nichts verdrängt. Den sogenannten Gender-Stern lehnen sie aus demselben Grund ab.

Die US-amerikanische Sängerin und Songschreiberin Pink hat mich auf eine Idee gebracht, wie wir das Problem lösen und einen eleganten Kompromiss finden

2 Vgl. Luise F. Pusch: »Alle Menschen werden Schwestern: Überlegungen zum umfassenden Femininum«, in: Luise F. Pusch, Alle Menschen werden Schwestern: Feministische Sprachkritik. Frankfurt/M. 1990 [1986], S. 85-103.

können. In einem meiner früheren Beiträge zu dem Thema hatte ich vorgeschlagen, statt des großen I ein kleines i zu schreiben und es mit einem Gender-Stern statt mit einem I-Punkt, auch I-Tüpfelchen genannt, zu versehen.

Der Nachteil dieses Vorschlags ist nur, dass er auf unseren gängigen Computertastaturen nicht realisierbar ist. Das Sternchen gelingt nur handschriftlich, wie früher die Herzchen, die wir als Mädchen statt der I-Tüpfelchen in unseren Briefen an die beste Freundin malten.

Die Sängerin Pink schreibt ihren Namen lieber mit einem Ausrufungszeichen anstelle des kleinen *i*: P!nk.

Dieses Ausrufungszeichen mitten im Wort sollten wir übernehmen und es wie das Binnen-I verwenden. Dazu erklären wir frischweg:

Das Ausrufungszeichen im Wort ist eine Fusion aus großem I und Unterstrich bzw. Genderstern (die ja beide dieselbe Funktion haben, nämlich auch Angehörige der Queer Community sprachlich sichtbar zu machen). Das Ausrufungszeichen soll unser gemeinsames Bemühen um Geschlechtergerechtigkeit unterstreichen, es ersichtlich mit einem Ausrufungszeichen versehen.

Außerdem setzt es sich aus denselben Elementen wie das kleine i zusammen, das i wurde nur auf den Kopf gestellt. Das Ausrufungszeichen ist sozusagen ein kleines i, nur andersrum.

Also, liebe Leser!nnen, nur Mut. W!r kriegen das schon hin, einerseits die feministischen Errungenschaften zu pflegen und andererseits auch neuen Ideen Raum zu geben.

Mai 2014

Die Sprache der Eroberinnen: Ganz neue Erkenntnisse zur deutschen Sprachgeschichte

Am vergangenen Wochenende war ich auf Vortragsreise und verbrachte deshalb sieben Stunden im Zug. Die lange Fahrzeit verkürzte ich mir mit einem sehr anregenden und vergnüglichen Buch: Kristin Kopfs *Das kleine Etymologicum: Eine Entdeckungsreise durch die deutsche Sprache*, soeben erschienen bei Klett-Cotta zum Preis von 19,95 €.

»Kristin Kopf, geboren 1984«, verrät uns der Klappentext, »forscht und lehrt an der Universität Mainz im Bereich historische Sprachwissenschaft.«

Ach Mainz — dort musste ich im Januar 1972 die Hauptprüfung für mein Rigorosum bei Professor Broder Carstensen (Anglistik) überstehen. Sie verlief gnädig, Carstensens Assistentin, Marlis Hellinger, war mir eine freundliche Stütze. Hellinger, eine Pionierin der feministischen Linguistik, wurde bald darauf Professorin und dann Dekanin der Philosophischen Fakultät der Uni Hannover. In dieser Funktion versuchte sie einen neuen Briefkopf für ihr offizielles Briefpapier durchzusetzen. Sie fand, dort sollte statt »Der Dekan der philosophischen Fakultät« doch besser »Die Dekanin ...« stehen. Die Bitte wurde mit der Begründung abgewiesen, es handle sich bei »Dekan« um eine Organbezeichnung. Haben wir gelacht über dieses wichtige Organ! Wir nannten es in der Folge nur noch »der Dekan«.

Ihr Doktorvater, eben Broder Carstensen, hatte ihr zuvor schon mitgeteilt, er werde sie weiterhin mit »Fräulein« anreden – Professorin und Dekanin hin oder her, wie er sie anrede, das entscheide immer noch er!

Was lese ich nun zu der Anrede »Fräulein« bei Kristin Kopf: »Bis vor wenigen Jahrzehnten war das deutsche

Anredesystem von einer skurrilen Asymmetrie geprägt. Männer wurden immer als *Herr* angesprochen, bei Frauen aber unterschied man zwischen dem unverheirateten *Fräulein* und der verheirateten *Frau*. … Heute ist der Bedeutungswandel abgeschlossen, und das Wort [*Fräulein*] findet fast nur noch scherzhafte Verwendung.« (S. 206)

Cool! »Skurril«, »scherzhafte Verwendung« sind wahrhaftig die passenden Ausdrücke für diesen Problembereich, aber unser guter Doktorvater hatte für solche Erkenntnisse so gar kein Organ …

»Sie ist Mitbetreiberin von http://www.sprachlog.de, dem erfolgreichsten deutschen Sprachblog …«, lese ich weiter über Kristin Kopf.

Den Sprachlog habe ich seit einigen Monaten abonniert und kann ihn wärmstens empfehlen. Durch ihn erfuhr ich schon im Frühsommer vom baldigen Erscheinen des Buchs und habe es gleich in meiner Buchhandlung vorbestellt, weil mir Kopfs Beiträge im Blog, kenntnisreich und mit Charme serviert, gut gefielen.

»Geboren 1984« – Kristin Kopf erschien also im selben Jahr wie mein Buch *Das Deutsche als Männersprache*, und es hat mich sehr gefreut festzustellen, wie souverän Kopf heute mit der deutschen Männersprache kurzen Prozess macht.

Zwar vermisste ich in dem Buch die neusten Erkenntnisse zur Geschichte der Movierung (Ableitung femininer Personenbezeichnungen aus Maskulina) im Deutschen, das kommt vielleicht in einem zweiten Band. Dafür hat aber die Autorin sich eine originelle Lösung ausgedacht, wie der sprachlichen Unsichtbarkeit der Frauen praktisch abzuhelfen sei. Diese Lösung machte für mich die Lektüre ihres Buchs zu einem besonderen Vergnügen. Kopf kündigt sie gleich auf S. 11 folgendermaßen an:

> Bei generischer Verwendung von Personenbezeichnungen (wenn keine konkreten Individuen gemeint sind) wird in diesem Buch die weibliche oder die männliche Form gebraucht. Die Zuweisung erfolgt per Zufall, über eine randomisierte Liste. Gemeint sind aber immer alle Menschen, egal, welchem Geschlecht sie sich zugehörig fühlen (oder ob sie das überhaupt tun). Auch die Fälle, in denen unklar war, ob beide Geschlechter gemeint sind, wurden großzügig den generischen Bezeichnungen zugeschlagen. Sie werden im folgenden also auf *Vorfahrinnen*, *Griechinnen*, *Lexikografinnen* … stoßen, die alle Nicht-Frauen mitmeinen – und auf *Ahnen*, *Goten* und *Sprachwissenschaftler*, die die Nicht-Männer einschließen.

Ich grüble noch, welches Genus Kristin Kopf für ihre Neuschöpfungen *Nicht-Frau* und *Nicht-Mann* vorgesehen haben mag (*der Nicht-Frau* oder *die Nicht-Frau*??).

Während wir uns also von Kopfs klugen und leicht verständlichen Erläuterungen auch sehr komplexer sprachgeschichtlicher und grammatischer Sachverhalte fesseln und fortbilden lassen, überrascht sie uns immer wieder mit gänzlich ungewohnten Mitteilungen über Frauen und mitgemeinte Nicht-Frauen wie diese:

> Zur Zeit der Völkerwanderung … siedelten germanische Völker im Römischen Reich. Im späteren Italien waren das die Langobardinnen, … in Südengland die Angeln und die Sächsinnen, … und in der Gegend um Worms ließen sich die Burgunderinnen nieder … (S. 99)
> Die Vandalinnen zogen weiter, die Fränkinnen blieben und drückten dem Land … seinen späteren Namen auf: Frankreich … (S. 99f.)
> … Die Langobardinnen gaben ihre Sprache zunehmend zugunsten des Italienischen auf. (S. 177)

> Im Deutschen bezeichnet *Guerilla* heute einzelne Partisaninnen oder Partisanengruppen. (S. 186)
> Allerdings sprechen nicht alle Inderinnen Hindi … (S. 231)
> Die Keltinnen kennen wir aus Geschichtsbüchern oder Asterixbänden … (S. 233) (Anmerkung: Nein: Aus Geschichtsbüchern oder Asterixbänden kennen wir natürlich nur die Kelten. Umso schöner, den Keltinnen hier endlich auch mal zu begegnen.)
> Schließlich kamen die Römerinnen mit ihrer Expansionspolitik. (S. 234)
> Die keltischen Dialekte … kamen in engen Kontakt mit der Sprache der Eroberinnen. (S. 235)
> Von Beginn an sprachen es [das Afrikaans] nicht nur die europäischen Kolonialistinnen … (S. 237)

Zum Schluss sei noch der trockene Humor der Autorin gewürdigt, der das ganze Buch durchwärmt und der für linguistische Prosa nicht eben typisch ist. Eine Kostprobe: »Von der engen Beziehung zwischen den ›Liquiden‹ l und r zeugen die (nicht miteinander verwandten) Sprachen Chinesisch, Koreanisch und Japanisch, die nur einen der beiden Laute zu besitzen scheinen – die Witze darüber sind Region.«

August 2014

Neues zum Frauenübermannungsgesetz

Es gibt viele deutsche Gesetze mit unförmigen Namen, über die das Ausland sich köstlich amüsiert, z.B. das Streitkräftepersonalstruktur-Anpassungsgesetz (13 Silben, 45 Buchstaben) oder das Sicherheitsverwaltungs-Anpassungsgesetz (11 Silben, 40 Buchstaben).

Die feministische Linguistik hat schon vor Jahrzehnten ein anderes Anpassungsgesetz ausgemacht, das bisher jedoch sein Unwesen namenlos trieb. Ich finde, es sollte dringend namentlich dingfest gemacht werden, und schlage folgende Bezeichnung vor:

Männersprachfrauenanpassungsgesetz (MSFAG: 10 Silben, 34 Buchstaben). Eine kürzere, ausdrucksstarke Version wäre »Frauenübermannungsgesetz« oder noch kürzer »Übermannungsgesetz«.

Dieses Gesetz sieht vor, dass Frauen sich der Männersprache anzupassen haben und nicht umgekehrt. Es wirkt allenthalben, besonders aufdringlich bei der Eheschließung: Bis 1976 hatte die Frau den Namen des Mannes zu übernehmen und wurde damit automatisch zur Geborenen. Danach wurde diese Regel nach und nach gelockert, aber bis heute lassen sich noch ca. 80 % der Frauen übermannen, 20 % behalten ihren Namen. Nur 5 % der Männer übernehmen den Namen ihrer Frau (wahrscheinlich, wenn er Schulze heißt und sie Prinzessin von Sachsen). Des weiteren ist das Gesetz wirksam bei der Benennung gemischtgeschlechtlicher Gruppen und bei der Benennung von Personen, deren Geschlecht (noch) nicht bekannt ist: Übermannung, wohin frau blickt: »Wer wird Millionär?« »Wer wird der nächste Bundespräsident?« Diese Fälle von Übermannung werden auch gern verharmlosend »generisches Maskulinum« genannt.

Ich habe schon viele Glossen über weitere Fälle sprachlicher Übermannung geschrieben. Hier eine minimale Auswahl:

»Sie singt Tenor im Kirchenchor oder Das Frauenstimmrecht« (vgl. *Gerecht und Geschlecht*, 2014, S. 49-51)
»Der Haushaltsführende« (vgl. *Gerecht und Geschlecht*, 2014, S. 17-19)

»Leidige Väter« (online)
»Ein anderes Wort für ›alleinerziehend‹« (in diesem Band, S. 18-20)
»Die Epigone oder: Frauen in der Kunst« (in diesem Band, S. 81 f.)

Vorgestern lernte ich ein weiteres Beispiel für das Männersprachfrauenanpassungsgesetz kennen: Den »Barbershop-Gesang«. Unsere Freundinnen Ann und Jean waren zu Besuch. Ann erzählte ausführlich von ihrem Chor, einem der vielen »Barbershop-Chöre«. Es ist dies eine US-amerikanische Spezialität, entstanden gegen Ende des 19. Jahrhunderts. Ein Barbershop-Chorus war ursprünglich ein Männer-Gesangsquartett, inzwischen gibt es aber auch größere und ganz große Barbershop-Chöre. Und Frauen, obwohl sie selten zum Barbier gehen, haben sich den schönen Zeitvertreib des kunstvollen gemeinsamen A-cappella-Singens bei den Männern abgeschaut und beteiligen sich auch eifrig an den nationalen und internationalen Wettbewerben.

Für mich war das eine völlig unbekannte Welt, ich hörte Ann gebannt zu und fragte zwischendurch auch, welche Stimme sie denn singe – Alt, Mezzo oder Sopran? Sie sagte, sie hätte eine Altstimme, aber in ihrem Barbershop-Chor singe sie im Bass. Unmöglich, lachten wir.

Sie erklärte, die strengen, durch die Tradition festgelegten Regeln des Barbershop-Singens sähen die vier Stimmen Bass, Bariton, Lead und Tenor vor. Und so sängen denn auch die weiblichen Chöre »Bass«, »Bariton«, »Lead« und »Tenor« – natürlich jeweils etwa eine Quinte höher als die Männer. Aber die Stimmbezeichnungen der männlichen Barbershop-Chöre habe frau beibehalten.

Ich stelle fest: Klarer Fall von MSFAG. Nicht viel besser als die berüchtigte »Manndeckung« im Frauenfußball.

Dass altehrwürdige weibliche Berufsbezeichnungen umgehend übermannt werden, sobald ein paar Männer sich herbeilassen, den Beruf zu ergreifen, hat schon Generationen von Frauen erbost, besonders angesichts absurder Missbildungen wie »Amtmännin«, »Landsmännin«, »Frauenfußballmannschaft« und anderer Zumutungen für das weibliche Selbstbewusstsein und Sprachempfinden. Die Hebamme wurde zum angeblich geschlechtsneutralen »Geburtshelfer«, die Kindergärtnerin zum Erzieher, die Krankenschwester zum Krankenpfleger. Vergeblich verlangen die Frauen nach dem »Hebammer« oder »Hebammerich«, dem »Kindergärtner« und dem »Krankenbruder«.

Vielleicht doch nicht ganz vergeblich. Über das Russische schrieb mir Almut Nitzsche, die in der DDR aufgewachsen ist, neulich Folgendes:

> Im Russischen gibt es die медсестра (medsestra = Krankenschwester, sestra = Schwester) und den медбрат (medbrat = Krankenbruder, brat = Bruder). Den Bruder haben wir früher aber noch nicht gelernt, der ist neu ;-)

Da scheint es also im Russischen Ansätze zu einem Frauensprach-Männeranpassungsgesetz zu geben. Oder kürzer: Sprachgerechtigkeit. Brava, Mütterchen Russland!

August 2015

Gesundheit

Einfach jünger aussehen

Für die eben vergangene 46. Kalenderwoche brachte die *HörZu* (Nr. 45/2012) mal wieder eins ihrer inspirierenden Titelbilder. »Einfach jünger aussehen« war diesmal das Leitthema, und im Heft gab es dazu die üblichen Tipps: vernünftige Ernährung, viel Bewegung und ausreichend Schlaf. Aber der verblüffendste Rat findet sich auf dem Titelbild selber. Wieder mal sagt ein Bild mehr als tausend Worte.

»Der Mann ist mindestens 15 Jahre älter als die Frau«, stellte Joey dazu bündig fest. »Ja eben«, sagte ich. »So ist Jünger-Aussehen ganz einfach, einfacher geht's nicht.« Frau lässt sich einfach neben einem alten Mann ablichten und sieht automatisch Jahrzehnte jünger aus – als er. Und wenn sie das Jünger-Aussehen permanent genießen möchte, lebt sie mit dem alten Mann zusammen oder heiratet ihn sogar.

Klein gedruckt steht auf dem Titelbild unter dem Bild des rüstigen alten Herrn: »Begegnen Sie dem Alter mit Optimismus.« Wen die *HörZu* meint, ist nicht eindeutig festzustellen. Soll *er* sein Alter mit Optimismus ertragen? Oder soll *sie* sich optimistisch mit seinem Alter arrangieren?

Egal. Die *HörZu* zeigt uns einen Weg, wie wir das Jünger-Aussehen ganz ohne lästige Diäten, schweißtreibendes Fitnessgehopse, gefährliche Botox-Spritzen und entstellende Schönheits-OPs hinkriegen. Ganz einfach durch den Kontrast mit einem reichlich älteren Gefährten.

Viele Frauen haben diese einfache Lösung auch schon ganz alleine gefunden, ohne Hilfe der *HörZu*. Die Lösung »ältlicher Kontrast-Gefährte« hat nebenbei noch den Vorteil, dass frau mit so einem nicht nur viel jünger aussieht, sondern ihn auch viel zügiger beerben kann.

Und wie fühlt sich der Alte neben der jungen Frau? Er sieht vergnügt aus und begegnet dem Alter wie empfohlen mit Optimismus.

Und was machen wir, wenn wir keinen älteren Gefährten wollen? Dann kaufen wir uns am besten antike Möbel oder – wenn der Geldbeutel das nicht erlaubt – wir holen uns alte Möbel vom Sperrmüll. Jünger als die sehen wir allemal aus.

Die *HörZu* überzeugt auch diesmal: Jünger aussehen ist ganz einfach, das kann jede.

November 2012

My Heart belongs to Addyi

Anfang der Woche hörte ich zum ersten Mal von Addyi, der neuen »Lustpille« für Frauen, die gerade von der US-amerikanischen Arzneimittelbehörde FDA zugelassen wurde und im Oktober auf den Markt kommen soll. Judy Woodruff von der PBS NewsHour sprach es wie »Addie« aus.

Frauen im gebärfähigen Alter, die keine Lust auf Sex haben und es pro Monat nur auf 2,7 befriedigende sexuelle Begegnungen bringen, können diese Zahl nun auf 4,4 »steigern«, wenn sie bereit sind, besorgniserregende gesundheitliche Risiken auf sich zu nehmen, keinen Alkohol mehr zu trinken, die Lustpille jeden Tag einzuwerfen und dafür pro Monat 400 Dollar hinzublättern.

Ältere, alte und weniger betuchte Frauen werden also leer ausgehen – wahrscheinlich ist das aber nur zu ihrem Besten.

Welche Frau, die noch ihre fünf Sinne beisammen hat, möchte wohl regelmäßig ein solches Monstrum von Pille einnehmen: minimale und nicht gesicherte Wirkung bei hohem Risiko und hohem Preis? Das Preis-Leistungs-Verhältnis scheint auf den Kopf gestellt, und doch verspricht mann sich Riesengewinne. Kaum war die Nachricht von der Zulassung raus, wurde die kleine Herstellerfirma Sprout von der Big-Pharma-Firma Valeant für eine Milliarde Dollar aufgekauft.

Ich hörte neulich, dass der Film *The Devil Inside*, der als der schlechteste Film aller Zeiten gilt, zugleich prozentual den höchsten Gewinn abwarf. Wie das zu erklären ist? Erstklassiges Marketing!

Nach dieser Methode wird wahrscheinlich auch Addyi ihre KäuferInnen finden und Valeant bald ein Vielfaches seines Einsatzes erwirtschaften.

Noch ein Wort zu dem angeblichen Sieg für die Gleichberechtigung, der durch Addyi errungen wurde. Während die Forschung Männer mit Viagra beglückte, hat sie die Frauen mit ihrer Lustlosigkeit alleingelassen, sollen »Frauenorganisationen« gemäkelt haben. Die Gruppe »Even the Score«, die am lautesten gebrüllt hatte und jetzt ihre Webseite mit dem Banner »Thank you, FDA« schmückt, wird u.a. gesponsert von den Firmen Sprout (Herstellerin von Addyi) und Trimel (arbeitet ebenfalls an der chemischen Bearbeitung der weiblichen Lust). Das berichtete am 19. August der englische *Guardian*. Wie gesagt: Erstklassiges Marketing!

Bleibt uns also nur noch, dem betrüblichen mutmaßlichen Lauf der Dinge kopfschüttelnd zuzuschauen und ein paar Betrachtungen zu Namen und Design von »Addyi« beizusteuern. Addyi ist rosa und Viagra hellblau – wie sinnig! Zur niedlichen Farbe passt der niedliche Klang: »Addyi« klinge »cute«, schrieb eine der wenigen Kommentatorinnen, die sich überhaupt mit dem Namen befassten. Die Schreibung mit der Endung »yi« ist so ungewöhnlich, dass die Firma Aussprachehilfe gibt – das hilft aber vor allem, das Gespräch über »Addyi« anzukurbeln und den Namen im Gedächtnis zu verankern. Eben »erstklassiges Marketing«.

Was seltsamerweise noch nirgends kommentiert wurde, ist hingegen die auffällige Tatsache, dass »Addyi« sich auf »Daddy« reimt. Das wäre doch die einfachste Aussprachehilfe gewesen. Da sie peinlichst gemieden wird, dürfen wir dahinter wohl einen tieferen Grund vermuten. Und ich vermute Folgendes:

»Addyi« wurde nicht für die Frau entwickelt, sondern für den bejahrten Mann, der ihr Daddy sein könnte – das darf aber natürlich nur unbewusst anklingen. Daddy hat sicher genügend Knete, um für ein bisschen mehr Erfolg im Bett eine beträchtliche Summe zu bezahlen. Die Zielgruppe – Frauen im gebärfähigen Alter – ist auch genau diejenige, für die Daddy sich interessiert. Ob ältere Frauen Lust haben oder nicht, ist Daddy piepegal. Und um es ihm recht zu machen, werden sich sicher viele Frauen auf diesen Scheiß einlassen, wie auch auf all den übrigen teuren und gesundheitsschädlichen Mist, den sie im Interesse des Herrn auf sich zu nehmen gewohnt sind, von den High Heels, die ihre Füße verkrüppeln, über operative Verengung ihrer Vagina, Brustverkleinerung oder -vergrößerung bis hin zu Fettabsaugung, Bulimie und Anorexie, weil das Gewicht nicht Daddys Vorstellungen von Attraktivität entspricht.

Vor 17 Jahren schrieb ich zur Markteinführung von Viagra:

Viagra reimt sich im Englischen auf Niagara [»Naiägra« mit Betonung auf dem ä]. Nun haben die Niagarafälle zwar naturgemäß und wie der Name schon sagt eine eher fallende als steigende Tendenz, aber zweifellos sind sie ein gewaltiges Naturschauspiel tosender Fluten, es schäumt und spritzt, daß es eine Freude ist. Außerdem sind die Niagarafälle beliebt für Hochzeitsfeiern, Flitterwochen und ähnlich erektionsfreudige Seifenopern. Das ist es wohl, was die Namengeber im Sinn hatten.

Auf den eigentlichen Sinn von Addyi können wir uns noch leichter einen Reim machen:
Addyi ist für Daddy.

August 2015

Gewalt

Moralschaden (Moral Injury)

In der vergangenen Woche brachte der Bostoner Sender WBUR eine fünfteilige Serie zum Thema »moral injury«, einem Leiden, das immer mehr Soldaten (eine Soldatin war auch unter den Betroffenen) zu schaffen macht, ja sie quält bis zum Selbstmord. Es ist nicht dasselbe wie PTSD (Post Traumatic Stress Disorder). Bei der Frage, wie denn der neue Begriff zu übersetzen wäre, kam ich durch die detaillierten Beschreibungen auf Wörter wie »Schuldgefühl«, »Gewissensnot«, »Gewissensqual«. Die Betroffenen leiden unter Gewissensqualen wegen der Taten, zu denen sie im Krieg gezwungen wurden – aber nicht alle. Einige leiden eher unter dem Gegenteil, einer Abstumpfung ihrer Gefühle.

Die Moral der Soldaten hat Schaden genommen, Moral im Sinne von »Gefühl für Sitte und Anstand«. Deshalb schlage ich als Übersetzung für »moral injury« das Wort »Moralschaden« vor.

Das Militär ist mit dem Begriff »moral injury« nicht glücklich, besagt er doch, dass SoldatInnen im Zuge der Erfüllung ihrer militärischen Pflicht Schaden nehmen können. Körperlicher Schaden, gut, das gehört zu den anerkannten Risiken. Die Mittel zur Behandlung, Heilung oder Kompensation solcher Schäden sind einkalkuliert und werden bereitgestellt. Sonstige Schäden sind unerwünscht, es darf sie nicht geben, und sei es nur aus Kostengründen, deshalb zieht das Militär den Begriff »inner conflict« vor.

Ob »moral injury« oder »inner conflict« – die Frage, die sich angesichts dieser Debatte für eine Feministin automatisch ergibt, ist diese: Wie kommt es, dass wir so wenig hören von Gewissensqualen, die jene Männer plagen, die sich über Jahre an ihren Töchtern vergehen, die Frauen schlagen, sexuell versklaven, vergewaltigen, »Lustmorde« begehen? Da diese Taten so viel weiter verbreitet sind als Grausamkeit gegen Kriegsgegner, müsste es von Männern mit »Moralschaden« überall nur so wimmeln. Das ist aber nicht der Fall.

Offenbar gibt es zwei Arten der Moral. Erstens eine Moral des Handelns und Misshandelns unter Männern. Sie kann durch Hierarchien und Befehle dermaßen in Unordnung gebracht und auf den Kopf gestellt werden, dass die Opfer solcher Konfusion Schaden an ihrer »Moral« nehmen.

Zweitens eine »Moral« des Handelns und Misshandelns von Männern gegen Frauen. Hier scheint fast alles erlaubt. Die Moral ist kaum ausgeprägt und kann infolgedessen auch kaum Schaden nehmen.

Die Standardwerke zur Moral stammen von Männern: Aristoteles (*Magna Moralia*), Adorno (*Minima Moralia*), Nietzsches *Genealogie der Moral* sowie *Jenseits von Gut und Böse*, Freud und Foucault. Nicht zu vergessen Kants »Der bestirnte Himmel über mir und das moralische Gesetz in mir«. Frauenfeinde sind sie einer wie der andere. Aber die *Genealogie der Moral* lehrt immerhin etwas Wesentliches: »Das moralische Gesetz in mir« ist mir keineswegs angeboren, sondern es wird mir anerzogen. Nicht zuletzt von den großen Moralphilosophen und Frauenfeinden. Unterschiedliche gesellschaftliche Gruppen folgen höchst unterschiedlichen Moralgesetzen.

Der neue »Moralschaden«, der nur durch kriegerische Gewalt gegen Feinde und nicht durch »gewöhnliche«

Gewalt gegen Frauen hervorgerufen zu werden scheint, bestätigt diese tiefe Erkenntnis Nietzsches.

Juli 2013

Incelkoller: Aus dem Wörterbuch des Frauenfeinds

Ich bin froh, dass die Frauen sich zurzeit auf breiter Front gegen männliche Anmaßung, Übergriffe und Gewalt wehren – auf Twitter unter #YesAllWomen, auf Tumblr unter »When women refuse«, und wer weiß wo noch. Wir lassen uns von dem »Argument« »nicht alle Männer«, das jede Diskussion im Keim ersticken soll, nicht mehr mundtot machen.

Die Debatte über Männergewalt gegen Frauen flammt in diesem Blog regelmäßig auf, und immer findet sich einer, eine oder mehrere, die sofort schreien »nicht alle Männer sind so«. Das beste Argument, das ich dagegen gefunden habe, geht so:

Bei Gefahr für Leib und Leben gilt allgemein das Prinzip der Verallgemeinerung: Jeder und jede, die in ein Flugzeug steigt, wird als TerroristIn eingestuft und behandelt, bis per Scanner etc. das Gegenteil einigermaßen bewiesen ist. Wenn bei *einem* Exemplar einer Autoserie Fehler festgestellt worden sind, werden Millionen Autos vom Markt genommen. Erst mal die Gefahr bannen, die Ursachenforschung und statistische Verteilung kriegen wir später. Das Auswärtige Amt spricht fortlaufend Warnungen gegen bestimmte Länder aus, die wir besser nicht besuchen sollten, zurzeit gegen Libyen, Südsudan, Kamerun, Palästina, Nigeria, Somalia, Tschad und 16 weitere – dabei sind deren EinwohnerInnen doch überwiegend ganz lieb und friedlich.

Dass diese Regeln im Fall der nachweislichen Urheber der Gewalttaten gegen Frauen nicht angewandt werden, dass vor Männern nicht gewarnt wird, liegt daran, dass Männer an der Macht sind.

So kann jede Frau nur für sich selbst entscheiden, wie weit sie sich der männlichen Gefahr, der sie gesellschaftlich und öffentlich nicht entrinnen kann, auch noch in ihrem Privatleben aussetzen will. Meine eigene Lösung: Ich verkehre nach Möglichkeit nur mit Männern, die feministisch aufgeklärt sind und sich aktiv gegen die Gewalt von Männern gegen Frauen einsetzen. Dieser »Scanner« funktioniert ganz gut, auf jeden Fall mindert er den Stress.

Nun aber zum eigentlichen Thema dieses Blogs: Sprache. Die göttliche Kreativität der Männer bescherte uns viele neue Wörter, die die meisten von uns noch nie gehört haben. Mir gänzlich unbekannt waren bisher folgende Kreationen:
– manosphere bzw. Mannosphäre
– incel
– pick-up artist bzw. PUA

Über die »manosphere« veröffentlichte Caitlin Dewey kürzlich einen Artikel in der *Washington Post*. Er beginnt wie folgt:

> Elliot Rodger … may have identified himself … as an »incel,« or involuntary virgin; as an aspirational, if frustrated, pick-up artist; and as an adherent of the so-called »manosphere« — that corner of the Internet where boys will be boys, girls will be objects, and critics will be »feminists,« »misandrists« or »enemies.«
> If you're not familiar with these terms, you're not alone: The manosphere and its various components

> tend to only make mainstream news over tragedies .... But to thousands of men across the Internet – including, apparently, Rodger –they're home.

Was bedeutet »incel«? *in*voluntary *cel*ibate. Ein Incel lebt zölibatär, aber nicht aus freien Stücken. Die Incels haben »keine abbekommen«. Diesen Ausdruck kannten wir bisher nur in einer anderen Form: »*Sie* hat *keinen* abbekommen«, anders ausgedrückt, sie ist ein *Mauerblümchen*, und wenn der Zustand chronisch wird, eine *alte Jungfer*. Männliches Gegenstück: Alter Junker. Er wurde, ob freiwillig oder nicht, noch nicht von einer Frau entjunkert. Vgl. meine Glosse über die Entjunkerung (»Die Entjunkerung«, in: *Die dominante Kuh*, S. 57).

Das Phänomen »incel« gab es früher nicht: Männer bekamen immer eine ab, weil Frauen ohne das Geld, die Macht, den Status, den »Schutz« von Männern in der Männerwelt (Mannosphäre) nicht überleben konnten. Jetzt können wir auch ohne Mann zurechtkommen (müssen es sogar oft), und deshalb bekommen nicht alle Männer automatisch eine ab.

Da in vielen Ländern, besonders in Asien, weibliche Föten gezielt abgetrieben werden, fehlen inzwischen an die hundert Millionen Frauen. Macht einen Männerüberschuss von hundert Millionen Incels oder alten Junkern.

Neu ist, dass die Männer, die keine abbekommen haben, darüber nicht verstockt schweigen, sondern als Incels ihre missliche Lage öffentlich beklagen und in Männerforen Hilfe suchen. Diese Technik der Problembearbeitung haben sie von den Consciousness-Raising-Groups der Zweiten Frauenbewegung übernommen.

Hilfe zu dem alten Thema »Wie mache ich erfolgreich eine Frau an, wie kriege ich sie rum?« liefern sogenannte

PUA-Foren. Selbsternannte PUAs (pick-up artist = Anmachkünstler, früher: *Frauenliebling*, *Frauenschwarm*) erteilen Ratschläge, wie der Incel doch noch eine Frau aufgabeln (pick up) und rumkriegen kann.

Aber wehe, es klappt nicht wie versprochen. Dann wird der Incel sauer und kann zum PUA-Hasser mutieren. So einer war Elliott Rodger. Aber er hasste nicht nur PUAs, deren heiße Tipps ihm nicht geholfen hatten, sondern auch erfolgreiche Rivalen und vor allem Frauen, die sich erdreistet hatten, seiner künstlerischen Anmache nicht zu erliegen. Erfolgreiche PUAs und Frauen wurden Opfer seines tödlichen Rachefeldzugs.

Thema der unzähligen Tweets mit dem Hashtag #YesAllWomen sind Alltagsgeschichten von Frauen, gegen die Männer ausfallend bis gewalttätig wurden. *Ja, alle Frauen* können jederzeit zu Opfern von Männern werden, das wird unter diesem Hashtag überwältigend dokumentiert.

»When women refuse« auf Tumblr sammelt dagegen in Zeitungen dokumentierte Geschichten von männlicher Gewalt gegen Frauen, wenn diese gewagt hatten, die Avancen der Männer zurückzuweisen. Ein nicht abreißender Strom von Dokumenten unaussprechlichen Grauens.

Zurückweisung ist nicht erlaubt und wird mit psychischer und/oder physischer Gewalt oder gar mit dem Tod bestraft.

In der Femisphäre, wie wir das Gegenstück zur Manosphäre taufen könnten, laufen Beispiele männlicher Verblendung unter dem Schlagwort »entitlement« (Anspruch). »Du sollst Gott fürchten und lieben« – so erläutert Luther uns das zweite Gebot. Männer haben ein *Recht*, einen *Anspruch* auf Liebe und Ehrerbietung der Frauen, genau wie der liebe Gott.

Und die, die sich dagegen auflehnt und nicht pariert und ihre eigenen Ideen hat, bekommt den Zorn Gottes bzw. seines Stellvertreters zu spüren.

Amen.

Wiederholen wir die neuen Vokabeln:

- manosphere: Mannosphäre
- femisphere: Femisphäre
- incel: Mauerblümchen, Einzeller, alter Junker, unfug (*un*freiwillig *u*ngeliebt)
- pick-up artist, PUA: Anmachkünstler (da brauchen wir noch was Besseres)
- men's rights activist, MRA: Männerrechtler, Maskulinist
- male sense of entitlement: männliches Anspruchsdenken.

Juni 2014

Delethalisierung im Alltag

Die anglo-amerikanische Flugzeug- und Autoindustrie hat uns ein neues Wort beschert: to *delethalize* »to make nonlethal« »nicht/weniger tödlich machen«.

Auf Deutsch *delethalisieren* oder *deletalisieren*. Aber auf Deutsch gibt es das Wort noch nicht. Google meldet: Fehlanzeige.

Aber es wird es bald geben, da bin ich mir sicher.

Die Flugzeugindustrie arbeitet mit Hochdruck daran, die Sitzbezüge weiter zu delethalisieren, also weniger brennbar zu machen.

Die Autoindustrie ist dabei, die Innenräume der Autos allseitig mit Airbags auszustaffieren und somit immer mehr zu delethalisieren. Kindersicherung haben sie alle schon längst. Babys und Kleinkinder dürfen nur in Kindersitzen im Auto transportiert werden. Demnächst bekommen wir die totale Delethalisierung, wenn die lethale Komponente Mensch aus dem Transportwesen ausgeschaltet wird und intelligente Computer und Sensoren die Steuerung übernehmen.

Vor hundert Jahren begann der erste Weltkrieg, vor 75 Jahren der zweite. Sogar die Kriege werden heute delethalisiert. Neuerdings liefern die USA gerne »nonlethal military aid« in die Kriegsgebiete, z.B. nach Syrien und in die Ukraine. Sie werden es nicht glauben angesichts der Gräuel in Gaza, in der Ukraine, in Syrien, Nigeria, Afghanistan, im Kongo und im Irak und überall sonst, wo gerade Terror und Krieg herrscht. Aber die beiden Weltkriege mit rund 17 Millionen bzw. mit 55-60 Millionen Toten übertrafen die heutigen Kriege an Lethalität um ein Vielfaches.

Das Wort *delethalisieren* entstand aus einem kühlen Blick auf die Tatsachen (wer macht sich schon klar, dass ein Sitzkissen tödlich sein kann?). Deshalb werden wir es in der Werbesprache nicht finden – dazu ist es einfach zu ehrlich und zu düster –, sondern derzeit vor allem in der Fachsprache des Design. Autos sind nicht nur Verkehrsmittel oder Statussymbole, sondern potentiell tödlich, genau wie Flugzeuge. Das Leben überhaupt ist tödlich. Den einen trifft es früher, die andere später. Was können wir tun, damit es uns erst später trifft? Richtig: Vorbeugen! Delethalisieren!

Die Kleidung für uns Alte wird auch delethalisiert. Unterhosen werden delethalisiert, d.h. mit Polstern ausgestattet, um Stürze abzumildern. Im Winter werden die Straßen enteist bzw. delethalisiert.

Während die Nahrungsindustrie unsere Nahrung immer perfekter lethalisiert und uns übergewichtig und zuckerkrank macht, arbeiten wir selber tapfer daran, die

Nahrung wieder zu delethalisieren – mit dem löblichen Nebeneffekt, dass auch unser Umgang mit dem sogenannten Nutzvieh ein wenig delethalisiert wird.

Unsere Wohnungen sollten, besonders für Alte, durchgreifend delethalisiert werden: Keine Teppiche, auf denen frau ausrutschen kann, keine Treppen, auf denen sie stürzen kann, Anti-Rutsch-Matten in die Dusche und/oder Badewanne. Ich sehe einen neuen Beruf entstehen: Delethalisierungsexpertin.

Je älter wir werden, umso mehr Delethalisierung brauchen wir, das ist mal klar.

Und: Je weiblicher wir sind, auch umso mehr. Für Kinder und Alte ist es mehr die Umwelt allgemein, die höchst lethal ist, in jugendlichem bis mittlerem Alter ist es oft der Partner, der lethal auf die Frau einwirkt. Solange Männer als solche nicht gründlich delethalisiert werden, obliegt es der Frau, ihre Nahrung und Umwelt selbst umfassend zu delethalisieren, d.h. auf Zucker, Alkohol, Nikotin, harte Drogen, tierische Fette, auf den Partner und auf rutschige Teppiche weitgehend zu verzichten.

August 2014

Der Familienauslöscher

Die *Woman's Hour* der BBC ist eine feministische Radioserie, die täglich ab 10 Uhr morgens 45 Minuten lang den BritInnen die neusten Nachrichten aus der Sicht von Frauen liefert. Ja, so etwas gibt es – und das schon seit bald 70 Jahren (1947)! Inzwischen wird die Perle auch als Podcast angeboten, und eine Frau, die Englisch kann und sie nicht regelmäßig hört, ist selber schuld.

Am 5. September brachte *Woman's Hour* einen Beitrag über »family annihilators«, also Menschen, die ihre ganze Familie umbringen. Meistens sind es Familienväter, die ihre Frau und ihre Kinder umbringen und zum Schluss (oft) sich selbst.

Ich hatte die Bezeichnung »family annihilator« noch nie gehört. Früher wurden die »family annihilators« meist als Amokläufer bezeichnet; sie bildeten keine eigene Kategorie. Nun aber hat sich die Kriminologie dieser Spezies angenommen und festgestellt, dass es sich um einen Typus eigener Art handelt, der entsprechend einer eigenen Bezeichnung bedarf. Der Hauptunterschied ist wohl der, dass der Amokläufer ausrastet, während der »Familienannihilator« planvoll versucht, seine Familie wieder unter Kontrolle zu bekommen, indem er sie ausradiert.

»What else is new?«, fragte ich mich verdrossen, während ich mir das anhörte und überlegte, wie der Ausdruck wohl ins Deutsche zu übersetzen wäre. Denn wir Deutschen verdanken unserer elenden Vergangenheit ein besonders reichhaltiges Vokabular in Sachen Menschenvernichtung und haben die Qual der Wahl. »Annihilator« gehört allerdings nicht zu den Optionen, und »Terminator« würde wohl als zu verspielt abgelehnt. Aber »Vernichter« könnte gehen. Oder besser Vertilger? Ausrotter? Auslöscher?

Vielleicht hatte sich bereits jemand des Problems angenommen? Ich googelte »Familienvernichter« und bekam nur Alternativvorschläge: »Familienversichert« und »Familienversicherung«. Mit der Eingabe »Familienvernichtung« wurde ich dann fündig, aber ganz anders, als ich gedacht hatte. Unter »Familienvernichtung« versteht die rechte Szene – ns-rastatt.net oder wgvdl.com (= Wieviel »Gleichberechtigung« verträgt das Land?) – Aufklärung über Homosexualität: »Fächerübergreifende Familienvernichtung in Berliner Schulen – Homoförderung schon für die Kleinsten«. Oder Befürwortung der Gleichberechtigung: »Familienvernichtung die Nächste: ... Frauen in die Karriere, Kinder auf die Deponien«.

Ich suchte also weiter.

»Familie ausgerottet« brachte 9.190 Funde.

»Familie vernichtet« brachte 6.090 Funde.

»Familie ausgelöscht« brachte 52.400 Funde.

»Familienauslöscher« scheint die akzeptierte Übersetzung. »Ausrotten«, »vernichten« und »vertilgen« sind Ausdrücke, die für Unkraut, Ungeziefer, lästige Haustiere wie Mäuse und Ratten verwendet werden, weshalb die Nazis sie auch gegen die jüdische Bevölkeung einsetzten, die sie auf diese Weise mit »Ungeziefer« gleichsetzten, von dem der »Volkskörper« natürlich »befreit« werden musste.

Wohl um heute derartige Anklänge zu vermeiden, wählte man die Übersetzung »Familienauslöscher«. Alle, die ganz genau wissen wollen, wie der Familienauslöscher tickt, können den deutschen Bericht über die britische Studie, auf die die *Woman's Hour* sich bezog, unter http://www.heise.de/tp/artikel/39/39742/1.html abrufen oder die Studie selbst unter http://onlinelibrary.wiley.com/doi/10.1111/hojo.12033/full (kostenpflichtig).

Den ausgelöschten Frauen und Kindern dürfte es egal sein, ob sie ausgelöscht, vernichtet, vertilgt oder ausgerottet wurden. Wichtiger als das nachträgliche sprachliche Zartgefühl ist wohl die Vorbeugung. Und da hilft vor allem die Erkenntnis, dass der Familienauslöschung oft die sogenannte »Gewalt in der Familie« vorangeht. Diese findet meist im Verborgenen statt, weil absurderweise nicht der Gewalttäter sich ihrer schämt, sondern die Frau. Viele Frauen-Notrufe kämpfen seit Jahrzehnten gegen diese ungehemmte und ungestrafte familiäre

Männergewalt. Auf ziemlich verlorenem Posten, denn die Öffentlichkeit interessiert sich kaum für das Thema. Das könnte sich gerade ändern, nachdem wieder mal ein Promi zugeschlagen hat und dabei gefilmt wurde. Die Brutalität des gefeierten US-amerikanischen Football-Stars Ray Rice gegen seine Verlobte (inzwischen: seine Frau) löste in den USA massive Proteste aus. Und jetzt weltweiten Protest gegen familiäre Männergewalt in den Twitterkampagnen #WhyIstayed und #WhyIleft, in denen Frauen endlich öffentlich machen, was angehende Familienauslöscher ihnen zu Kontrollzwecken schon mal antun, bevor sie zum terminalen Schlag ausholen. Mehr dazu bei https://nonprofitquarterly.org/ 2014/09/12/whyistayed-ray-rice-scandal-sparks-conversation-on-domestic-violence/.

September 2014

»Sexualisierte« oder »sexuelle Gewalt«?

Ich weiß schon gar nicht mehr, wann mir andere Feministinnen beibrachten, den Ausdruck »sexuelle Gewalt« nicht mehr zu benutzen. Er sei irreführend, denn die sog. sexuelle Gewalt hätte in der Regel mit Sexualität wenig bis gar nichts zu tun. Es handle sich vielmehr um Gewalt, die sich der Sexualität nur als Mittel bediene. Das eigentliche Ziel der sexualisierten Gewalt sei die Herstellung oder Aufrechterhaltung männlicher Macht und weiblicher Ohnmacht.

Ich widme diese Glosse Susan Brownmiller zu ihrem 80. Geburtstag am 15. Februar 2015. Sie hat das feministische Denken über Vergewaltigung mit ihrem Standardwerk *Against Our Will* [Gegen unseren Willen] von

1975 geprägt wie keine andere. Fünf Jahre lang studierte sie in den Archiven, vor allem Berichte über »atrocities« (Gräueltaten) in Zeiten des Kriegs, der Sklaverei und der Unterwerfung fremder Völker. In der Regel handelte es sich bei den »Gräueltaten« um Vergewaltigungen. Vergewaltigung wurde systematisch eingesetzt, um die Gegenseite, nicht zuletzt die männliche, zu demütigen, zu demoralisieren und gefügig zu machen. Diese Erkenntnis führte dann zu der neuen, feministischen Sprachregelung. Brownmiller erkannte aber noch etwas anderes: »Rape is a conscious process of intimidation by which all men keep all women in a state of fear.« (Vergewaltigung ist ein bewusster Prozess der Einschüchterung, mit dem alle Männer alle Frauen in einem Zustand der Angst halten.) Vollzug ist oft gar nicht nötig, es genügt die Androhung sexueller Gewalt.

Hätte ich im letzten Satz auch sagen können: »Es genügt die Androhung sexualisierter Gewalt«? Nein. Womit gedroht werden muss, wenn das Ziel erreicht werden soll, ist sexuelle Gewalt. Ohne Wenn und Aber.

Brauchen wir demnach beide Ausdrücke?

Bewusste Feministinnen wie die Frauen von »Terre des Femmes« reden von »sexualisierter Gewalt«, das unaufgeklärte Volk kümmert sich nicht um feministische Begrifflichkeit; es kennt nur »sexuelle Gewalt«.

Die obere Linie in der Grafik aus dem *Google NGram Viewer* zeigt die Häufigkeit der Wortfolge (in der statistischen Fachsprache: des NGrams) »sexuelle Gewalt«, die untere die Häufigkeit der Wortfolge »sexualisierte Gewalt« in den Jahren 1500 bis 2008. Der Ausdruck »sexuelle Gewalt« ist erst ab 1980 statistisch greifbar, der Ausdruck »sexualisierte Gewalt« noch später, ab 1995. Eine gute Erläuterung des Google NGram Viewers gibt es hier: http://litre.uni-goettingen.de/index.php/Google_Ngram_Viewer.

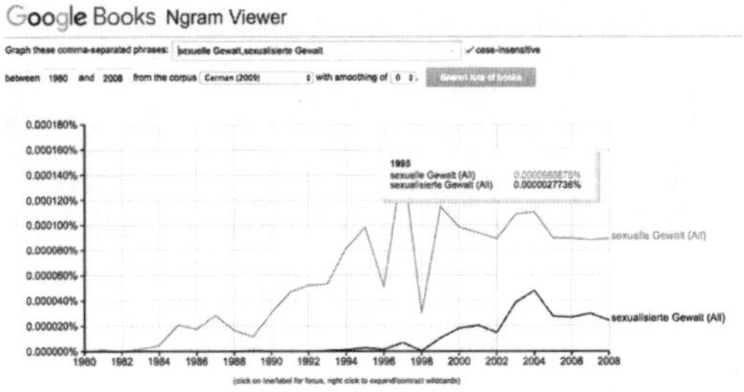

Es gibt aber auch Feministinnen, die sich dem volkstümlichen Sprachgebrauch bewusst oder auch weniger bewusst anschließen: Das feministische Online-Magazin querelles.net bspw. spricht hier (www.querelles-net.de/index.php/qn/article/view/406/414) nur von sexueller Gewalt.

Bewusst problematisiert Rolf Löchel, wohl der beste Kenner feministischer Literatur in deutscher Sprache, den herrschenden feministischen Sprachgebrauch:

> [Über den Ausdruck »Sexualisierte Gewalt«: Eine] Sprachregelung, die zwar in einigen feministischen Kreisen bevorzugt wird, jedoch zumeist irreführend und verharmlosend ist, da das sexuelle Moment dieser Form von Gewalt … in aller Regel wesentlich ist. Und zwar sowohl auf Seiten des Vergewaltigers wie auf derjenigen der Vergewaltigten. Denn die Angriffsziele des sexuellen Gewaltaktes einer Vergewaltigung sind die Sexualität der Frau, ihre Libido und ihre sexuelle Identität. Letzteres wird bei den berüchtigten ›korrigierenden Vergewaltigungen‹ von Lesben etwa in Südafrika besonders deutlich. Denn die lesbischen Frauen sollen durch die Vergewaltigung wieder ›auf den rechten Weg der Heterosexualität gebracht‹ werden.
> Auch die Absicht von Vergewaltigern, sich ihre Befriedigung gewaltsam zu erzwingen, ist genuin sexuell. Dass einige der Täter ihre sexuelle Befriedigung er-

> langen, indem sie die Frau durch die Vergewaltigung und während der Vergewaltigung erniedrigen, demütigen und Macht über sie ausüben (ein Argument, das auch von Wizorek angeführt wird, um zu begründen, dass es sich hierbei eben nicht um sexuelle, sondern um sexualisierte Gewalt handelt) mag durchaus sein, steht dem Fakt, dass es dabei zentral um Sexualität geht und es sich somit um sexuelle Gewalt handelt, aber keineswegs entgegen. (Quelle: literaturkritik.de)

Und nun? Was sollen wir sagen?

Vielleicht können ein paar linguistische Überlegungen weiterhelfen.

Die Endung »-isieren« macht aus einem Adjektiv ein kausatives Verb, das einen Vorgang beschreibt, der den Zustand herbeiführt, den das Adjektiv bezeichnet. Dazu ein paar Beispiele:

trivialisieren = trivial machen
banalisieren = banal machen
homogenisieren = homogen machen
privatisieren = privat machen
digitalisieren = digital machen
sexualisieren = sexuell machen

»Sexualisierte Gewalt« bedeutet also, wenn wir das Wort so verstehen wie andere Wörter auf »-isieren«: sexuell gemachte Gewalt. Und sexuell gemachte Gewalt ist dasselbe wie sexuelle Gewalt – oder? »Sexualisierte Gewalt« bedeutet lediglich, dass die Gewalt zunächst nicht sexuell war, durch »Sexualisierung« aber schließlich doch sexuell wurde. Denn etwas, was bereits sexuell ist, kann nicht sexualisiert werden, genau wie homogenisierte Milch nicht mehr homogenisiert werden kann.

Die wichtige Erkenntnis Brownmillers und anderer feministischer Gewaltforscherinnen, dass sexuelle Gewalt dem Mann nicht nur zum Lustgewinn dient, vielleicht nicht einmal vordringlich der sexuellen Lust, sondern der Unterwerfung und Demütigung – wird also in dem doch recht streng vorgeschriebenen Ausdruck »sexualisierte Gewalt« nicht besonders klar zum Ausdruck gebracht. Besser wäre es m.E., von *Sexualterror* zu sprechen. Terror wird ausgeübt, um die Gegenseite in einem Zustand der Angst zu halten. Klingt das nicht fast genau so wie die oben zitierte Haupterkenntnis von Susan Brownmiller: »Vergewaltigung ist ein Mittel, mit dem alle Männer alle Frauen in einem Zustand der Angst halten«?

Von »Sexualterror« zu sprechen statt von »sexualisierter Gewalt« hätte noch einen weiteren Vorteil: Beim Kampf gegen den Terror stehen die Täter, ihre Festnahme und Verfolgung im Zentrum der Debatte, außerdem umfassende Verfolgungs- und Vergeltungsmaßnahmen gegen sie. Nicht so beim alltäglichen Terror des Mannes gegen die Frau (bekannt unter den irreführenden Bezeichnungen »häusliche Gewalt«, »sexueller Missbrauch« und »sexuelle Gewalt«), bei dem die Medien sich lieber auf die Opfer konzentrieren.

Es wird Zeit, den sexuellen Terror beim Namen zu nennen und die Sexualterroristen unerschrocken ins Visier zu nehmen.

Januar 2015

Manslamming, Mansplaining, Manspreading und andere Flegeleien

US-Amerikanerinnen haben in den letzten Monaten drei nützliche Wörter und damit zugleich ein noch nützlicheres Wortbildungsmuster kreiert: *Manslamming*, *Mansplaining*, *Manspreading*.

Manslamming bezeichnet folgenden sattsam bekannten Vorgang: Du gehst irgendwo entlang, und ein Mann kommt dir entgegen. Eine/r muss ausweichen. Meist bist du das. Gehst du wie der Mann stur geradeaus, kommt es zum Zusammenstoß. Der Mann ist perplex, weil eine Frau es gewagt hat, ihm ernsthaft in die Quere zu kommen. Die unter Männern verbreitete Unart, entgegenkommenden Frauen nicht auszuweichen, wird seit einiger Zeit erstmals namhaft gemacht, und zwar mit *Manslamming*.

Mansplaining bezeichnet eine typisch männliche Kombination von Überheblichkeit und Unwissenheit (»overconfidence and cluelessness« (Rebecca Solnit)) oder anders ausgedrückt »etwas erklären ohne Berücksichtigung der Tatsache, dass das Gegenüber (meist eine Frau) von der Sache mehr versteht als der Erklärer« (Lily Rothman, *The Atlantic*).

Am meisten Aufsehen erregt hat die Bezeichnung »Manspreading« für männliches Beinespreizen, allgemeiner ausgedrückt, männliches Sich-Breitmachen. Besonders in überfüllten öffentlichen Verkehrsmitteln ist diese Flegelei gänzlich unangebracht und stößt inzwischen sogar bei Männern auf harsche Kritik. Die New Yorker U-Bahn startete im Dezember eine entsprechende Plakataktion. Zahlreiche Bilder von »manspreaders« sind versammelt unter http://mentakingup2muchspaceonthetrain.tumblr.com. Ebenso auf Twitter unter dem Hashtag »#manspreading«.

Das Eigenwillige und Regelwidrige bei diesen Neologismen ist, dass – anders als etwa bei dem bekannten *manslaughter* »Totschlag« – »man« hier jeweils Subjekt- und nicht Objektfunktion hat und überdies »Mann« und nicht »Mensch« bedeuten soll.

Wie schon bei meiner Glosse über ›boyhood‹ (S. 24-26) und passend zum Internationalen Tag der Muttersprache (21.2.) ergibt sich für Deutsche die Frage: Wie übersetzt frau das denn? Das »man(s)« erinnert an unser »manns-« wie in »mannshoch« und »Mannsbild«. Für meine Übersetzungsvorschläge habe ich mich an diesem einheimischen Muster orientiert und es erweitert:

- *Manslamming* > *Mannsknallen / Mannsrammen*
- *Mansplaining* > *Mannsklärung*
- *Manspreading, manspreader* > *Mannspreizung / Mannbreitung, Mannspreizer / Mannbreiter.*

Alle drei Wörter gibt es im Deutschen noch nicht, es sind Neologismen wie die englischen Originale. Ich hatte von *manspreading*, *manslamming* und *mansplaining* zuvor noch nie gehört und meine US-amerikanische Familie auch nicht. Vielleicht fallen den LeserInnen noch andere, bessere Übersetzungen ein. Bitte alle Geistesblitze umgehend in Umlauf bringen. Und gleich auch alle weiteren Wortschöpfungen auf *Manns-*, die uns bisher noch gefehlt haben, mitsamt Definitionen. Hier ein paar Anregungen:
- *Mannskochen* = nach dem Kochen die Küche als Schlachtfeld hinterlassen
- *Mannsputzen* = die Ecken beim Putzen elegant übergehen
- *Mannsgehalt* = doppelt so viel Geld wie die Frau für dieselbe Arbeit
- *Mannskaufen* = beim Einkauf kaum auf die Preise achten, denn *Mannszeit* ist mehr wert als das, was Frauen durch Preisvergleiche einsparen

Weitere Kandidaten:
- *Mannstream*
- *Gender Mannstreaming*
- *Mannstrum, Mannster*

– *Mannko*
– *Manntra*
– *Mannskript*

Die Wörter *Manslamming*, *Mansplaining* (beide schon in der englischen Wikipedia) und *Manspreading* mögen neu sein, aber es sind nur griffige Namen für Phänomene, die die feministische Linguistik (in ihren Abteilungen Gesprächs- und Körpersprachanalyse) schon vor 40 Jahren beschrieben hat.

Über *Mansplaining* bzw. *Mannsklärungen* hat Senta Trömel-Plötz sich ausführlich geäußert. Was das *Manspreading* betrifft, so ist die Künstlerin Marianne Wex mit ihrem fundamentalen Werk *»Weibliche« und »männliche« Körpersprache als Folge patriarchalischer Machtverhältnisse. Mit 2037 Fotografien* die Erste, die sich damit gründlich auseinandergesetzt und es tausendfach mit Fotos belegt hat. Sie diagnostizierte das Mannspreizen in all seinen Varianten. In den USA wird Wex gerade wiederentdeckt. Bei Emma.de findet sich ein bebilderter Auszug aus diesem revolutionären Werk vom Dezember 1977.

In der Einleitung zu dem Beitrag, den sie für meinen Sammelband *Feminismus: Inspektion der Herrenkultur* (Suhrkamp 1983) schrieb, zitiert Marianne Wex Verena Stefan:

> der herr der welt sitzt mir in der u-bahn gegenüber, vier männer auf einer bank, die für fünf menschen platz bietet, mit klaffenden beinen, wattierten schultern, die gespreizten hände auf den knien. rechts und links von mir breit stehende männerbeine. ich sitze eng an mich gedrückt mit zusammengepressten knien, die beine sind geschlossen zu halten, sie sind nur zu öffnen bei einem wildfremden mann, der gynäkologe heißt und bei dem mann, bei dem frau im selben bett

liegt. die übrige zeit sind sie geschlossen zu halten. die entsprechenden muskeln sind den ganzen tag anzuspannen. ich schließe die augen. diese unterdrückerische haltung wegwerfen, so tun, als ob ich unbehelligt mit lockeren beinen sitzen könnte.

Marianne Wex kommentiert: »diese Sätze von verena stefan, geschrieben in ihrem buch *häutungen*, 1974, empfinde ich immer noch als besonders beeindruckende beschreibung patriarchalischer körpersprache, als symbol der situation von uns frauen im hinblick auf den uns von männern zugewiesenen lebensraum.«

Schön und wohltuend, wenn an die Erkenntnisse und die Vorarbeit anderer Frauen erinnert wird. In der ganzen *Manspreading*-Debatte, auch der deutschsprachigen, vermisse ich den Hinweis auf Marianne Wex und Verena Stefan (beider Werke liegen auch auf Englisch vor). Obwohl das Thema »*Manspreading* und andere Flegeleien« nach feministischer Zeitrechnung »soo einen Bart« hat, sehe ich es auch als willkommene Gelegenheit, sich an die feministischen Pionierinnen Stefan, Trömel-Plötz und Wex und an unsere Wurzeln zu erinnern.

Februar 2015

Der Ochsenziemer und seine Verwandten

Bekanntlich setzen Männer ihren Penis seit alters her auch als Waffe ein, vorzugsweise bei Vergewaltigungen. Oft richtet sich die Waffe nicht nur gegen Frauen, sondern auch gegen deren »Besitzer« – ihr »Besitz« wird dadurch wertlos. Oder gegen liebende Ehemänner, Väter und Söhne, die durch den Anblick ihrer gefolterten

Frauen, Töchter, Mütter gedemütigt werden sollen, da sie sie nicht beschützen können.

Dass der Penis aber auch noch als Prügel dient, wusste ich bisher nicht. Der Männerpenis eignet sich dazu wohl weniger, anders als der Bullenpenis.

Ich lese gerade die Georg-Büchner-Biographie von Hermann Kurzke. Dabei stieß ich auf das seltsame Wort »Ochsenziemer«, das ich zwar kannte, aber nicht in seiner vollen Bedeutung. Kurzke schreibt:

> Als Weidigs Trotz sich so nicht brechen lässt, beantragt Georgi beim Großherzoglichen Hofgericht, seinen Gegner mit dem »Farrenschwanz« prügeln zu dürfen, einem sogenannten Ochsenziemer, einem aus einem Ochsenpenis gefertigten gummiknüppelähnlichen Gerät. Der Antrag wurde abgelehnt. Das Gericht war der Meinung, eine solche Strafe schicke sich wohl für »ungebildete und rohe Verbrecher«, aber nicht für einen Gebildeten.

Dr. Friedrich Ludwig Weidig (1791-1837), evangelischer Theologe, gehörte wie Büchner zum Vormärz und zu den Wegbereitern der Revolution von 1848 und war deshalb lange in Haft.

Ich recherchierte im Netz zu dem Wort »Ochsenziemer« und fand Erstaunliches. Wikipedia teilt ungerührt mit:

> Ein Ochsenziemer (regional auch Ochsenpesel, Ochsenfiesl, Farrenschwanz, Parreschwanz, Hagenschwanz oder in der Schweiz Munifisel genannt) ist eine Schlagwaffe, die aus einem getrockneten Bullenpenis hergestellt wird. Er hat eine fertige Länge von 80-100 cm, ist sehr elastisch und schwer.

> Der Ochsenziemer wurde früher zur Bestrafung von Menschen und Tieren eingesetzt, findet heute allerdings kaum noch Verwendung in dieser Funktion. Bei Pferderennen wie dem Palio di Siena wird er aber weiterhin eingesetzt. Manche Wirte halten auch heute noch einen Ochsenziemer zur Selbstverteidigung griffbereit, um sich gegen betrunkene Randalierer und ähnliches wehren zu können.
> Die Wirkung des Schlags ist erheblich und kann starke Verletzungen hervorrufen. Ochsenziemer wurden unter anderem im KZ Dachau und im KZ Mauthausen dazu verwendet, Häftlinge zu misshandeln.
> Im Stiftsgymnasium Kremsmünster wurde ein Ochsenziemer noch bis Ende der 1990er Jahre vom damaligen Konviktsdirektor August Mandorfer zur Misshandlung von Schülern verwendet. (Wikipedia)

Inzwischen ist der Ochsenziemer allerdings auf den Hund gekommen:

> Heute werden sie fast nur noch als Futtermittel für Hunde hergestellt, das vorrangig als Kauspielzeug zur Beschäftigung des Hundes dient.
> Wie die meisten harten Kauspielzeuge eignet sich der Ochsenziemer auch zur eigenständigen Zahnreinigung des Hundes. (Ebd.)

Aber auch als Hundefutter kommt der Ochsenziemer langsam aus der Mode:

> Der Geruch eines angekauten Ochsenziemers wird von den meisten Menschen jedoch als unangenehm empfunden, so dass sich immer mehr synthetisch hergestellte geruchlose Kaufuttermittel zur selbständigen Zahnreinigung für Hunde durchsetzen. (Ebd.)

Bleibt noch die Frage zu klären, wie der »Bullenpenis« zum »Ochsenziemer« wurde. Dazu fand ich kaum Auskünfte, nur dass »Ziemer« auf frz. *cimier* »Schwanz« zurückgeht. Ich denke, »Bullenpenis« wird als Name für das Schlaggerät instinktiv abgelehnt, weil es das männliche Ego doch möglicherweise kränkt und verstört, einen echten Penis als Prügel zu erkennen. Dann schon lieber »Ziemer«, denn wer weiß schon, was ein »Ziemer« ist. Und für den Fall, dass es doch jemand weiß, ist es eben der Ziemer eines Ochsen, also ein Penis, der sowieso zu nichts mehr »taugt« – anders als der des Bullen, jenes Inbegriffs ungebärdiger, kampflustiger Männlichkeit:

> Im Gegensatz zum unkastrierten männlichen Rind, dem Stier, ließ sich ein Ochse gut abrichten und eignete sich damit in der Landwirtschaft als Zug- und Arbeitstier.
> […] In einigen Ländern wie z. B. den USA ist es üblich, männliche Tiere für die Weidemast generell zu kastrieren, da diese dann wesentlich friedlicher sind. (Wikipedia)

Über die naheliegenden Schlussfolgerungen kann sich nun jede Leserin ihre eigenen Gedanken machen. Denn anders als der Ochsenziemer wird der Männerpenis als Waffe wohl nicht so bald aus der Mode kommen.

Und was ist mit der Ochsenschwanzsuppe? Wird ab sofort aus meinem Leben gestrichen, denn wer weiß schon, was für ein Schwanz da verkocht wurde.

Juli 2016

Kunst, Musik und Literatur

Die Epigone oder: Frauen in der Kunst

In ihrer Kurzbiografie zum 150. Geburtstag von Camille Claudel für den Kalender *Berühmte Frauen 2014* schreibt Andrea Schweers:

> Den lobenden Kunstkritikern galt sie als begabte Schülerin des großen Bildhauers, den Gegnern Rodins als nicht ernst zu nehmende Epigone.

Ich stutzte. »Die Epigone« – das gefiel mir, ich fand es natürlich sehr passend, aber so richtig korrektes Deutsch war es wohl nicht? Sagen wir nicht ausschließlich »der Epigone«?

Der Duden bestätigt diese Vermutung mit folgendem Eintrag:

> Epigone
> Wortart: Substantiv, maskulin
> Gebrauch: bildungssprachlich
> Bedeutung: jemand, der in seinen Werken schon vorhandene Vorbilder verwendet oder im Stil nachahmt, ohne selbst schöpferisch, stilbildend zu sein
> Herkunft: griechisch *epígonos* = Nachgeborener

Für weibliche Personen, die in ihren »Werken schon vorhandene Vorbilder verwenden«, sieht der Duden die abgeleitete Form »Epigonin« vor.

Soll ich – als Herausgeberin des Kalenders – Andrea Schweers' schöne Eingebung korrigieren und aus ihrer »Epigone« eine »Epigonin« machen?

Nicht doch!

Wenn griech. *epígonos* »Nachgeborener« bedeutet, dann bedeutet *epígone* »Nachgeborene« – so viel weiß ich noch von meinem Graecum, das ich vor rund 50 Jahren ablegen musste. Weibliche Nachgeborene soll es ja auch geben. *Epigonin* wäre also etwa so sinnvoll wie »Nachgeborenin«.

Es ist überraschend, dass es im Deutschen statt »die Epigone« für die Vorstellung der bloß nachahmenden, nicht selbst schöpferischen Künstlerin nur ein aus dem Maskulinum abgeleitetes Wort gibt. Wo doch der männliche Kunstbetrieb traditionell davon ausgeht, dass eine künstlerisch tätige Frau genau das typischerweise ist: Epigonal.

Aber noch vor dieser misogynen Vorstellung rangiert die Idee, dass eine Frau in der Kunst *gar nichts* zu suchen hat und auch nicht vorkommt bzw. vorzukommen hat. Nicht einmal als »bloß Nachahmende«. Dass – ob für Nachahmer oder Originalgenies – die Kunst ein rein männlicher Spielplatz ist.

Welche Abgründe an Erkenntnissen sich doch auftun, wenn wir unseren Wörtern, die wir dauernd arglos benutzen, auch nur mal ein kleines bisschen auf den Grund gehen …

Mai 2013

Mannbar

Heute wird in Chile gewählt, und wir drücken Michelle Bachelet heftig die Daumen! Es wird Zeit, dass die gelernte Ärztin in ihrem Land für ein besseres Abtreibungsgesetz sorgt. Zurzeit gültig ist noch das Gesetz aus Pinochet-Zeiten, das jegliche Abtreibung strikt untersagt. Belén, ein elfjähriges chilenisches Mädchen, das jahrelang von ihrem Stiefvater vergewaltigt wurde, ist im siebten Monat schwanger. Im Juli erklärte sie, sie wolle ihr Kind behalten und es lieb haben und im Arm halten wie eine Puppe. Das arme Mädchen ist gehirngewaschen; es fehlt ihr offenbar jegliches Gefühl dafür, was gut für sie ist und was sie braucht. Aber sie ist »geschlechtsreif« und damit »mannbar«.

Eigentlich wollte ich heute nicht über faschistische Abtreibungsgesetze und die Wahl in Chile schreiben, sondern nur über das seltsame Wort »mannbar«. Aber immer wieder beeilen sich die Männer, Unwörter mit ihren Untaten noch zu übertreffen.

Das Wort »mannbar« fällt in vieler Hinsicht aus dem Rahmen – die linguistischen Feinheiten möchte ich Ihnen ersparen. In seiner ursprünglichen Bedeutung wurde »mannbar« für »geschlechtsreife« und somit – in vielen Gesellschaften – »heiratsfähige« Mädchen oder junge Frauen gebraucht. Das Mädchen hat zum ersten Mal menstruiert und damit ist sie »mannbar« – fertig zum Konsum durch den Mann. Allerdings bevorzugen heute ja immer mehr Männer für ihr sexuelles Vergnügen solche Mädchen, die gerade nicht »mannbar«, sondern noch so kindlich wie möglich sind.

Es versteht sich von selbst, dass das Pendant »fraubar« für den geschlechtsreifen Jungen in unserem Wortschatz fehlt. Allerdings kannte Lessing anscheinend noch das Wort »weibbar«, aber das ist lange her und stammt aus der Zeit, als Frauen noch generell »Weiber« genannt wurden. Vielleicht hat der muntere 19-jährige Lustspieldichter das Wort »weibbar« für seinen »Misogyn« auch einfach erfunden. Die Stelle ist so nett, dass ich sie hier zitieren möchte:

SOLBIST: Ich weiß zwar nicht, ob Sie schon Lust hat, sich zu verheiraten; aber die Lust kömmt manchmal ganz geschwind. Sage Sie mirs, wenn sie kömmt. Ich halte ein richtiges Register von allen mannbaren Jungfern, und allen weibbaren Junggesellen in der Stadt. Das lese ich alle Tage ein bis zweimal durch, und sehe nach, welche meiner Hülfe etwa nötig haben könnten. Die Wahrheit zu sagen; ich habe schon einige Mannspersonen mit einem Sternchen angemerkt, die sich ganz wohl für Sie schicken würden.

LISETTE. Wenn sie reich, jung und schön sind, so können Sie gewiß glauben, daß sie sich für mich schicken. Mehr gute Eigenschaften braucht mein künftger Mann eben nicht zu haben. Die andern habe ich.

Die Männergesellschaft erfand das Wort »mannbar«, weil es für sie von Interesse ist, ob ein Mädchen »geschlechtsreif« bzw. »heiratsfähig« ist oder nicht. Das Wort »Fräulein« (das Pendant »Herrlein« fehlt natürlich) bediente ein ähnliches Interesse und verriet jedem, ob eine Frau bereits einen Besitzer hatte oder nicht. Der Interessent musste nicht einmal peinlich nachfragen; die Auskunft über den Zivilstand der Frau war ungefragt als Teil der Anrede zu liefern.

Lessing sah, dass es auch für eine Frau von Interesse sein kann, ob ein Mann »weibbar« ist – aber der liebenswerte Aufklärer stand mit dieser Auffassung anscheinend allein da.

Wie dem auch sei – heute wirkt »mannbar« noch verschrobener als »Fräulein« und überlebt wohl nur noch in dem ethnologischen Begriff »Mannbarkeitsriten«. Mannbarkeitsrituale markieren die Entwicklung des Knaben zum Mann. Ich will hier nur auf den paradoxen Umstand hinweisen, dass Mannbarkeitsrituale nicht etwa testen sollen, ob eine Frau mannbar ist oder nicht. Geprüft wird mit den Riten vielmehr die männliche Jugend. Übersteht ein Junge oder Jüngling die oft blutigen Prüfungen, wird er in die Gemeinschaft der erwachsenen Männer aufgenommen.

»Fraubarkeitsrituale« oder »Weibbarkeitsriten« gibt es hingegen nicht. Frauen bekommen ihre Regel, sie bluten schon von allein – mehr Blutvergießen braucht es wirklich nicht. Manche EthnologInnen sehen in den Mannbarkeitsriten der Männer den fragwürdigen Versuch, es den Frauen ansatzweise gleichzutun. Dies könnte den seltsamen Gebrauch von »mannbar« für beide Geschlechter erklären.

Ich finde, »Mannbar« eignet sich allenfalls als Name für eine Bar. Im Internet habe ich keine Bar dieses Namens gefunden, dabei sind doch gerade bei den Bars Wortspiele so beliebt, von der Bar Celona über die Frucht- und die Wunderbar bis zur Bar jeder Vernunft. Sonderbar.

November 2013

B natural: Parallelen zwischen Gender- und Musiktheorie

Die Welt ist zurzeit dermaßen aus den Fugen, gesundheitsschädlich und lebensbedrohend, dass ich mich wieder mehr der Musik zugewandt habe. Eine alte Liebe, schon seit der Kindheit. Leider blieb die Liebe ziemlich unerwidert.

Vor einigen Monaten erbte ich ein Bechstein-Klavier von meiner Mutter. Es hat einen wunderbaren Klang. Ich ließ es stimmen, kramte ein paar alte Stücke hervor, die ich vor bald vierzig Jahren mal gespielt habe, und legte los. Es kam nicht viel dabei heraus; trotzdem machte mir die Musik und der Klang des Klaviers Freude.

Dann entdeckte ich die Kombination Internet plus iPad als Klavierlehrerin. Besser gesagt: Klavierlehrer – zurzeit bekomme ich Video-Unterricht von zwei Herren. Beide kann ich sehr empfehlen; ich schreibe demnächst vielleicht mal Genaueres über sie.

Von Shawn Cheek, einem 38-jährigen Texaner mit absolutem Gehör und drei kleinen Jungs, die durch seine Lektionen wuseln, lerne ich zurzeit das Vom-Blatt-Spielen in 132 Lektionen, heute absolvierte ich Lektion 25. Nebenbei bekommt frau auch allerlei Musiktheorie verpasst.

Gleichzeitig beschäftige ich mich, wie immer, mit feministischen Themen, speziell feministischer Sprachkritik, die derzeit in Österreich massiv angegriffen wird, so dass ich dauernd die entsprechenden Links von erbosten bis entsetzten Freundinnen bekomme, die sich über den Schwachsinn aus Österreich nicht beruhigen können. Nun hat der österreichische Frauenring bei change.org eine Unterschriftensammlung gestartet, in der es u.a. heißt:

> Der Textentwurf der ÖNORM A 1080 oder der derzeit im Umlauf befindliche ›Offene Brief‹ zum Thema »Sprachliche Gleichbehandlung« stellen alle Leitbilder für geschlechtsneutrales und geschlechtergerechtes Formulieren in Frage. Die genannte ÖNORM etwa will ganz genau eine Form auswählen und sagen: Diese und keine andere ist erlaubt.

Ich folgte dieser Debatte hier im weit entfernten Boston nur mit halbem Ohr, während ich die verbleibenden anderthalb Ohren der Musik und dem Klavierunterricht widmete. Immerhin hatte ich mich schon vor über zwei

Jahren ausführlich zur österreichischen Töchterhymne (einem der Steine des Anstoßes) geäußert (vgl. *Gerecht und Geschlecht*, 2014, S. 51-54).

Ganz früher mal hatte ich auch vorgeschlagen, wenn die Söhne denn nicht genehm seien und die »Töchter und Söhne« die Nationalhymne aus dem Takt bringen – wie wäre es dann mit »Heimat bist du großer Töne« (statt: »großer Söhne«)?

Und damit bin ich bei meinem heutigen Thema angekommen. Ich finde die musikalische Begrifflichkeit und die Notenschrift faszinierend als Modell zur Veranschaulichung einiger Probleme, die wir mit der Männersprache haben.

Sie alle kennen die C-Dur-Tonleiter; sie besteht aus den sogenannten Stammtönen CDEFGAHC. Auf dem Klavier »bewohnen« sie die weißen Tasten. Die Stammtöne haben Varianten, die einen Halbtonschritt tiefer oder höher liegen und auf dem Klavier mehrheitlich die schwarzen Tasten bewohnen: Dass es Varianten sind, erkennen wir auch an ihren Namen: Die Varianten des Stammtons G heißen Ges und Gis, von D Des und Dis. Auf Englisch G flat und G sharp etc. In der Notenschrift erkennen wir die Varianten an einem vorangestellten ♭ oder ♯. Die Vorzeichen gelten immer für das ganze Stück; taucht innerhalb eines Taktes ein Vorzeichen auf, gilt es nur für diesen Takt. Auf Englisch heißt das Dreigespann aus Ges, Stammton-G und Gis »G flat, G natural und G sharp«. Die deutsche Note H heißt auf Englisch »B natural«.

Für heute reicht das an Musiktheorie. Die interessante Parallele für die Gendertheorie liegt in der Tatsache, dass die Stammtöne zwei Varianten haben, die jeweils penibel gekennzeichnet werden, im Deutschen mit den Endungen *-es* oder *-is*. Während in den Männersprachen, wie wir aus leidvoller Erfahrung wissen, nur die weibliche Variante gekennzeichnet wird, im Deutschen meist mit der Endung »-in«. Die männliche Variante der menschlichen Spezies wird hingegen nicht gekennzeichnet. Sie fällt mit der Stammform zusammen. In der Musik würde ein derartiger begrifflicher Kuddelmuddel Kakophonie statt Harmonie erzeugen und ist daher nicht erlaubt.

In der Sprache ist der Kuddelmuddel dagegen üblich und erwünscht, weil er den Herrschaftsanspruch der Männer über das »andere Geschlecht« klar zum Ausdruck bringt.

Eine weitere interessante Parallele zwischen Gender- und Musiktheorie sehe ich in den Bezeichnungen »natural« bzw. »Stamm-«.

Aus der Biologie kennen wir die Stammzellen, die sich zu jeder beliebigen Zelle entwickeln können. Die Sprachwissenschaft redet von Wortstämmen, an die die Endungen angehängt werden. Nehmen wir als Beispiel den lateinischen Stamm *domin-* (hochgestellte Person) Mit einem angehängten *-a* wird es zu *domina*, mit einem *-us* bekommen wir *dominus*. Was alsdann unsere Herrenkultur aus den Bedeutungen gemacht hat, nämlich einerseits Gott den Herrn (»dominus vobiscum«), andererseits die Domina im Bordell, das war zu erwarten und steht auf einem anderen Blatt.

Die »Stammtöne« in der Musik, die »Stammzellen« in der Biologie und die »Wortstämme« in der Sprache bezeichnen also Ursprüngliches, das veränderbar, variierbar ist. Die abgeleiteten Formen behalten ursprüngliche Eigenschaften und bekommen neue hinzu. Dieses Muster erinnert mich an die Gendertheorie à la Judith Butler und an die Queertheorie: Die Geschlechter sind nur eine (fast künstliche, ja überflüssige) Zutat, wichtiger ist das Ursprüngliche an ihnen, das beiden Geschlechtern Gemeinsame: B flat und B sharp sind, das verrät schon ihr Name, nicht so ursprünglich wie B natural.

Es gibt noch sehr viel mehr Parallelen zwischen Musik- und Gendertheorie. Darüber vielleicht später mal mehr. Jetzt gehe ich ans Klavier und übe noch ein bißchen. Jeden Tag mindestens eine halbe Stunde, sonst wird das wieder nix.

Juli 2014

Feministische Anmerkungen zur »Schönen Magelone«

Neulich hörte ich Tiecks Novelle *Die schöne Magelone* in einer Rundfunkaufnahme, die ich per Phonostar mitgeschnitten hatte. Ich hatte gehofft, damit wunderbar einschlafen zu können. Wirklich ist die Novelle, zumindest bis zur Hälfte, schön einschläfernd: blumig, gefühlvoll und undramatisch. Aber ich hatte Halsschmerzen, und so hörte ich denn gepeinigt das ganze Märchen am Stück – und fing danach mit dem nächsten Hörbuch an.

Tieck entnahm den Stoff, der der Sagentradition der Provence entstammt und letztlich auf Tausendundeine Nacht zurückgeht, einer deutschen Übersetzung aus dem 16. Jahrhundert. Der 24-Jährige versuchte 1797 »eine Wiederbelebung … des alten Stoffes aus dem Geiste der Romantik« (*Kindlers Literatur-Lexikon*)

Mit vollem Titel heißt die Novelle *(Wundersame) Liebesgeschichte der schönen Magelone und des Grafen Peter von Provence*. Wir lernen: Sie ist schön, und er ist von Adel – wie es sich für ein Märchen gehört.

Sie wird an erster Stelle genannt, allerdings nur mit ihrem Vornamen, er steht an letzter Stelle, dafür mit

Titel und ganzem Namen. Das Prinzip »Ladies first« wird also auch hier befolgt, allerdings kostet es Magelone den Titel und vollen Namen. Ja hat Magelone denn überhaupt einen Titel? Und ob – sie ist sogar die Ranghöhere, eine Prinzessin, Tochter des Königs Magelon von Neapel (und sicher auch seiner Ehefrau, aber von der ist nie die Rede).

Zum Inhalt: Peter und Magelone verlieben sich ineinander, er schenkt ihr drei Ringe, die seine Mutter ihm für seine Zukünftige mitgab, Magelone birgt diese an ihrem schönen Busen. Als sie einen anderen heiraten soll, flieht das Paar. In einem Wald ruhen sie sich aus, sie legt das Lockenköpfchen in seinen Schoß und schläft ein. Er öffnet ihr das Mieder, ist entzückt von ihrem Busen und findet das rote »Zindel« (ein Stück Stoff) mit den drei Ringen. Ein Rabe stiehlt das Zindel und fliegt damit fort. Peter hinterher, er wirft Steine nach dem Raben, trifft ihn aber nicht. Der Rabe fliegt aufs Meer hinaus, Peter steigt in einen Kahn und folgt ihm. Die Strömung trägt ihn weit hinaus, er findet nicht zurück, wird von einem »mit Heiden und Mohren besetzten Schiff« gerettet und einem Sultan geschenkt. Die Tochter des Sultans verliebt sich in ihn, aber er denkt nur an Magelonen (die schöne Deklination der Namen übernehme ich von Tieck) und flieht mit einem Kahn über das Meer. Diesmal greift ihn ein Christenschiff auf, und nach langem Umherirren findet er schließlich Magelonen wieder, und ihr Glück kennt keine Grenzen mehr.

In meiner Jugend legte ich mir den Brahms'schen Liederzyklus »Die schöne Magelone« zu, in der vielgepriesenen Aufnahme mit Fischer-Dieskau und Richter. Der Zyklus gefiel mir nicht besonders; ich habe ihn mir nicht oft angehört. Bei Brahms ist Graf Peter völlig aus dem

Titel verschwunden, der Zyklus heißt nur noch »Die schöne Magelone«. Und diese Kurzform wird inzwischen auch für Tiecks Novelle benutzt.

So gekürzt wird allerdings der Titel vollends zum Etikettenschwindel. Denn die Novelle wie auch der Liederzyklus handeln fast ausschließlich von Petern. Die Novelle enthält inklusive »Vorbericht« 18 Gedichte, meist Lieder bzw. Romanzen, die Peter zur Laute singt. Auch Magelone singt zwei Lieder, und eines singt Salima, die Tochter des Sultans. Hat also bereits Tieck der schönen Magelone vergleichsweise wenige Worte zugestanden, so wird die weibliche Stimme (»the female voice« der modernen Gendertheorie) bei Brahms vollständig eliminiert. Lieber lässt er den Sänger tapfer singen »Geliebter, wo zaudert dein irrender Fuß?« – als dass er dieses Lied Magelonens einer Frau überließe.

Weshalb die Geschichte »Die schöne Magelone« und nicht »Der schöne Peter« heißt, ist also nicht recht einzusehen.

Bei Tieck ist Magelone zwar kein Sexobjekt, aber Objekt ist sie zweifellos, eine Art Übungsgerät. Sie dient Petern zu Training und Entfaltung seiner »männlichen« Anteile wie Entschluss- und Kampfkraft *und* seiner »weiblichen Anteile« wie Empfindungsfähigkeit und Seelentiefe, Voraussetzungen seiner Dicht- und Gesangskunst. Der romantische Jüngling und edle Ritter Peter ist nämlich ein androgyner »Kugelmensch« im Platon'schen Sinne. Er braucht keine »weibliche Ergänzung«; er ist selber weiblich – und männlich zugleich. Wir erfahren es gleich im ersten Satz:

> In der Provence herrschte vor langer Zeit ein Graf, der einen überaus schönen und herrlichen Sohn hatte, welcher als die Freude des Vaters und der Mutter erwuchs. Er war groß und stark, und glänzende blonde Haare

> flossen um seinen Nacken und beschatteten sein zartes jugendliches Gesicht; dabei war er in aller Waffenübung wohlerfahren, keiner führte im Lande und auch außerhalb die Lanze und das Schwert so wie er, so daß ihn Jung und Alt, Groß und Klein, Adel und Unadel bewunderte.

Peter ist nicht nur schön und blondgelockt, sondern auch stark und mutig. Im Turnier ist er unschlagbar, zugleich aber ist er schüchtern und weint viel, und wenn Sehnsucht und/oder Liebe ihn übermannen, greift er frisch zur Laute und singt. Wenn alle Männer so wären, brauchte es keine Frauenbewegung mehr. Es brauchte nicht einmal Frauen.

Ich glaube, die Geschichte heißt »Die schöne Magelone«, damit wir nicht merken, dass sie eigentlich nur von Petern handelt. Auch der Minnesang, den Tieck mit seiner Novelle wohl auch »wiederbeleben« will, diente nur scheinbar der Anbetung edler und unerreichbarer Frauen. Die realen Frauen interessierten nicht, sie waren nur ein Vorwand für kulturellen Wettstreit unter Männern. Aufgabe der Frau ist es, sich besingen zu lassen – und nicht, selbst zu singen. Sänge sie selbst, käme der Minnesänger aus dem Konzept, müsste ihr zuhören und sich mit ihr auseinandersetzen, statt von ihr zu träumen und seine Gedanken über sie in das Kunstwerk zu ergießen, mit dem er dann unter seinesgleichen Eindruck schinden kann. Eine selbst singende Frau wäre für den Minnesänger nur eines: zeitraubend.

Hätte ich das alles schon in meiner Jugend durchschaut, hätte ich mir die Brahms-Magelone, die ganz schön teuer war, gar nicht erst gekauft. Besser selber singen, als den (in)brünstigen Gesängen der Männer über uns andächtig zu lauschen.

Dezember 2014

Mode

Frauen in Männerkleidung oder Der Boyfriend Blazer

Letzte Woche stieß ich im Internet zufällig auf den »boyfriend blazer«. Eine Befragung unter sieben Freundinnen ergab, dass sechs noch nie davon gehört hatten. Falls ihr auch noch nicht wisst, was Boyfriend Blazers, Jackets, Shirts oder Jeans sind, hier eine Erklärung von einer Modeseite:

Boyfriend Blazer

Damen Boyfriend Blazer sind der absolute Trend. Jetzt wird nicht mehr nur Damen Boyfriend Jeans ganz locker getragen. Denn wer den lässigen Style, der aussieht, als hätte man die Kleidung direkt aus dem Schrank des Freundes genommen, sollte auf Boyfriend Blazer für Damen nicht verzichten. Diesen trägt man allerdings am besten zur Damen Leggings, da es einfach gut aussieht, wenn der Damen Boyfriend Blazer locker über die enge Leggings für Damen hängt. Jetzt sehen Sie auf jeden Fall aus, wie die großen Stars, die den roten Teppich auf den Fashion-Weeks füllen. Mit einer Oversized Bag zum Damen Boyfriend Blazer perfektionieren Sie Ihren Look und mit einem großen Medaillon setzen Sie ein weiteres optisches Highlight. Perfekt durchgestylt kann der nächste Stadt-Bummel, mit der besten Freundin oder, wie gesagt, die nächste Fashion Week mit Ihrem tollen Boyfriend Blazer für Damen und eleganten Highheel-Pumps von Tamaris beginnen. Suchen Sie sich jetzt Ihr neues Modell heraus und liegen Sie ganz vorn im

Trend. (Gefunden hier: http://mode.ladenzeile.de/damen mode-blazer-boyfriend-blazer/)

Dieser Text ist in vieler Hinsicht (unfreiwillig) komisch, aber darum geht es mir jetzt nicht. Was ich an »boyfriend« in der Modesprache so faszinierend finde, ist seine aufschlussreiche (um nicht zu sagen raffinierte) Funktion in der langen Skandalgeschichte der »Frauen in Männerkleidung«:

Jeanne d'Arc kam auf den Scheiterhaufen, weil sie, so die Anklage u. a., »das Gewand des weiblichen Geschlechts ablegend, was dem göttlichen Gebot zuwiderläuft, Gott ein Gräuel ist und von allen Gesetzen missbilligt und verboten ist, Männertrachten angelegt hat und Waffen trägt«.

George Sand ist bis heute berühmt, weil sie sich erkühnt hatte, Männerkleidung zu tragen. Sie schreibt in ihrer *Geschichte meines Lebens*: »Ich wollte so weit Mann sein, dass ich in Bereiche und Milieus eindringen konnte, die mir als Frau verschlossen waren.«

Die französische Tiermalerin Rosa Bonheur musste sich polizeiliche Erlaubnis einholen, um bei der Ausübung ihres Berufs Männerkleidung zu tragen: »spätestens seit ihrer Arbeit auf dem Pferdemarkt besaß sie eine offizielle, von der Pariser Polizeipräfektur ausgestellte, alle sechs Monate zu verlängernde Genehmigung, ›sich als Mann zu kleiden‹, aus ›gesundheitlichen Gründen‹ und mit Ausnahme von ›öffentlichen Versammlungen, Bällen und kulturellen Veranstaltungen‹. So entging sie drohender Verhaftung, denn die ›Travestierung‹ in der Öffentlichkeit war seit Inkrafttreten des Code Napoléon für Frauen wie Männer verboten.« (Andrea Schweers)

Dank der Umwälzung aller Sitten und Werte durch den ersten Weltkrieg traten in den zwanziger Jahren

»Damen mit gewissen Neigungen« öffentlich im Smoking auf, besonders in den Freundinnenklubs in Berlin. Marlene Dietrich machte den Damen-Smoking endgültig salonfähig, auch Katharine Hepburn trug gern saloppe Hosenanzüge und machte damit Schule.

In den 50er Jahren war in der Mode wieder eindeutige Weiblichkeit vorgeschrieben; für mich als Teenager war das Tragen von Hosen problematisch bis undenkbar. Anfang der 60er Jahre lockerten sich die Sitten – aber Männer-Jeans, solche die den Reißverschluss vorn hatten statt an der Seite (wo kein Mann ihn gebrauchen kann), waren noch absolut tabu. Das wiederum änderte sich ab Mitte der Sechziger durch die verschiedenen Befreiungsbewegungen jener Jahre. Die Frauen trugen Hosen, und das war o.k. Sie mussten sie nicht aus dem Schrank ihres Boyfriends ausleihen und auch nicht so tun, sondern kauften sich die Sachen selber.

Die alte Gleichung »Männerkleidung gleich Mannweib (oder gar Lesbe)« droht allerdings immer im Hintergrund, weshalb Frauen mit Hosenanzug weiblichen Schmuck zur Schau tragen und sich farbige Tüchlein um den Hals schlingen. Einfach einen Herrenanzug samt Hemd und Krawatte zu tragen, das trauen sich nur die Drag Kings, und dafür ernten sie dann auch die entsprechende Ächtung oder Bewunderung, je nachdem.

Zur Behebung der verkaufsschädigenden Mannweib-Lesben-Assoziation hat die Modebranche das Bestimmungswort »boyfriend« erfunden. Es signalisiert: Das verdächtige Kleidungsstück wurde vom Boyfriend ausgeliehen, und also ist mit der Trägerin alles in Ordnung, sogar in allerbester Hetero-Ordnung. Nicht nur liegt sie mit diesem »lässigen Style ganz vorn im Trend«, sondern tut auch noch ebenso lässig kund, dass sie einen Boyfriend hat. Nichts da mit »Lesbe« oder »Mannweib«, so was denken nur solche altbackenen Leute, die aber auch gar keine Ahnung von Mode haben. Um aber auch diesen Zurückgebliebenen auf die Sprünge zu helfen, trägt die Dame zu ihrem Boyfriend Blazer die »eleganten Highheel-Pumps von Tamaris«. Die sind vielleicht aus der Schuhsammlung ihrer Freundin entliehen, aber das muss nicht extra verkündet werden, denn Highheel-Pumps von Tamaris an den Füßen einer Dame sind todschick und nicht fragwürdig. An den Füßen eines Herrn hingegen würden sie auch als »Girlfriend Highheel-Pumps« nicht durchgehen. Die Geschichte der Männer in Frauenkleidung steckt eben noch in den Kinderschuhen, sie haben da allerlei aufzuholen. Sie könnten ja, ganz vorsichtig, mit »boyfriend blazers« anfangen. Egal, ob aus dem Schrank der girlfriend oder des boyfriends.

August 2014

Herrenlose Damenunterwäsche gesichtet

Die Deutschen gelten bekanntlich als steif und humorlos. Zum Glück hilft uns unsere deutsche Männersprache, reichlich unfreiwilligen Humor zu produzieren. In dieser Hinsicht sind wir wahrscheinlich Weltmeister. So meldeten bspw. die *Stuttgarter Nachrichten* am 3. Juni:

> *Herrenlose Damendessous*
>
> Ein Rätsel um herrenlose Damenunterwäsche beschäftigt die Polizei im Main-Tauber-Kreis. Die Beamten entdeckten am Dienstag jede Menge gebrauchte Dessous an einer Kreisstraße bei Bad Mergentheim. Die Ermittler zählten 31 BHs und fünf Slips.
>
> »Also normal ist das nicht«, sagte ein Sprecher. Schon in den vergangenen Wochen war in der Gegend Unterwäsche im Wald und am Fahrbahnrand aufgetaucht.

Ein Foto, das die Ermittler zeigt, wie sie die genaue Anzahl der BHs und Slips ermitteln, ist leider nicht beigefügt. Auch das Auftauchen der Unterwäsche im Wald wurde leider optisch nicht zur Anschauung gebracht.

Um mehr zu erfahren, googelte ich »herrenlose Damenunterwäsche«. Das *Haller Tagblatt* hatte noch Interessantes beizusteuern, nämlich:

> Warum der mysteriöse Wäscheausleger die Slips verteilt, blieb unklar. Die Polizei will einen Diebstahl etwa von einer Wäscheleine nicht ausschließen. Wer seine Höschen oder BHs vermisst, soll sich bei der Polizei melden.

»Wer seine Höschen oder BHs vermisst, soll sich bei der Polizei melden« – was für ein Satz! Leider war der Titel meiner Glosse schon vergeben, sonst hätte ich diese Perle deutschen Humors als Überschrift gewählt.

Der »mysteriöse Wäscheausleger« wird auch »Dessous-Verteiler« genannt. Und über die Unterwäsche war noch zu erfahren, dass sie gebraucht war. Ob sie vielleicht zu der Spezies »duftende Unterwäsche« gehörte, fragte ich mich. Nein, eine andere Zeitung meldete, die Wäsche sei gebraucht, aber gewaschen gewesen.

Das ziehe sich nun seit etwa zwei Jahren hin, sagte ein Polizeisprecher am Mittwoch. Da es anfangs nur einzelne Kleidungsstücke gewesen seien, seien manche der Vorfälle nicht erfasst worden. Die Dessous lagen unter anderem auf Straßen oder Hecken in der Stadt. So viel Damenunterwäsche wie dieses Mal sei aber noch nicht gefunden worden, sagte der Sprecher. (Quelle: badische-zeitung.de)

Es handele sich wohl um jemand, der die Dessous aus irgendeinem Grund zur Schau stellen will. Die Ordnungshüter schließen nicht aus, dass die Wäsche gestohlen wurde. Die BHs und Slips haben verschiedene Größen. (Quelle: schindluder.de)

Auf jeden Fall bringt »der Wäscheverteiler« mit »seiner Auslegeware« die Beamten ganz schön zum Grübeln. Bemerkenswert! Aber unsere Männersprache bringt sie zuverlässig auf die falsche Fährte!

Ich denke, wir haben es mit einer *Gruppe* (die BHs haben verschiedene Größen) von *Frauen* (die Slips sind gewaschen) zu tun. Sie haben sich der Land Art verschrieben: »Unser Wald / Fahrbahnrand soll schöner (weiblicher) werden«. Vielleicht auch der Konzeptkunst, wenn wir den Grübeleffekt und die sprachliche Kreativität in Betracht ziehen, die die Kunstwerke freisetzten.

Leider hat aber die Polizei die Absicht der Künstlerinnen nicht erfasst und die Kunstwerke mutwillig zerstört, indem sie die Unterwäsche aus ihrem mit Bedacht gewählten Umfeld entfernte: »Die Wäsche wurde eingesammelt und liegt in einem Sack auf der Dienststelle.« (Quelle: welt.de)

Nicht nur humorlos, diese Deutschen, sondern auch ohne jeglichen Kunstverstand.

April 2015

Kutte, Kopftuch, Tschador – Unterschiede und Gemeinsamkeiten

Was haben Mönche mit Rockerbanden gemeinsam? Bisher dachte ich: Nicht viel – aber wie ich letzte Woche erfuhr, tragen die beiden so unterschiedlichen Communities gleichnamige Kleidung, nämlich Kutten. Die Mönchskutte hat eine lange Geschichte, die ins Mittelalter zurückreicht, die Rocker-Kutte gibt es erst seit ein paar Jahrzehnten. Über die Wurzeln (Etymologie) des Wortes »Kutte« gibt Heinrich Tischner erschöpfende Auskunft. Ich erfuhr auf seiner eindrucksvollen Sprach-Seite, dass »Kutte« auch mit »Tschador« und »Schal« verwandt ist.

In die Nachrichten kam die Kutte letzte Woche, als der Bundesgerichtshof das bis dahin geltende Kuttenverbot für die Bandidos aufhob. Bis dahin galt deren Kutte als »Kennzeichen einer verbotenen Vereinigung« und »Mittel der Einschüchterung«. Mönche dagegen hatten noch nie unter einem Kuttenverbot zu leiden.

Obwohl ich weder von Mönchen noch von Rockern viel Ahnung habe – Männerbünde jeglicher Art stehen mir ziemlich fern – machte ich mir so meine Gedanken zum Kuttenverbot und seiner Aufhebung. Erinnert die Sache doch auffällig an die Aufhebung des Kopftuchverbots. Bei oberflächlichem Hinsehen könnte frau meinen, das Kopftuchverbot hätte einige Frauen in ihrer Freiheit eingeschränkt und das Kuttenverbot einige Männer, und nun können Frauen wie Männer sich wieder kleiden, wie sie wollen, alles in Butter. In Wirklichkeit dienten beide Verbote – in unterschiedlicher Weise – weiblichen Interessen, die Aufhebungen dagegen männlichen.

Obwohl Mönche und Biker auf den ersten Blick nicht viel gemeinsam zu haben scheinen – Mönche streben ein heiligmäßiges Leben an und Rocker eher das Gegenteil –, hat doch die Kutte bei beiden eine ganz ähnliche Funktion, nämlich die einer Uniform. Die Kutte soll die Zugehörigkeit zur Gruppe der Mönche bzw. der Rocker nach außen kenntlich machen und nach innen Kohäsion stiften.

Uniformen sind und waren immer überwiegend Männersache. Für Rocker-Clubs – Hells Angels, Bandidos,

Gremium MC und wie sie alle heißen – sind weibliche Mitglieder undenkbar, die Mönchsorden erlauben ebenfalls keine. Die Unterschiede zwischen den Kutten, markiert durch Farben, Schnitt, Abzeichen (Patches) etc., zeigen an, welcher Gruppe der Kutten- oder Uniformträger angehört und welchen Rang er in seiner Gruppe hat, sei es die Rockerbande, der Mönchsorden, das Militär oder sonst ein Männerbund.

Die Kirche kennt natürlich auch weibliche Orden, und die haben auch ihre spezifischen Uniformen. Diese heißen aber nicht Kutte, sondern Habit oder Tracht.

Und was ist nun mit dem Kopftuch oder -schal (Hijab), dem Niqab, dem Tschador und der Burka – jenen Uniformen, die viele Musliminnen tragen oder tragen müssen? Sie machen deren Zugehörigkeit zur islamischen Glaubensgemeinschaft nach außen kenntlich. Insofern sind sie der Mönchskutte oder der Nonnentracht nicht unähnlich und erinnern ja auch äußerlich ein wenig daran. Dennoch besteht zwischen der Nonnentracht und dem Kopftuch (Hijab) oder gar dem Tschador, dem Niqab und der Burka der Musliminnen ein bedeutsamer Unterschied: Kopftuch, Tschador, Niqab und Burka bezeugen die überwiegend nicht selbstgewählte Religionszugehörigkeit, nicht die selbstgewählte Zugehörigkeit zu einem Orden. Außerdem gibt es auf männlicher Seite kein Pendant wie die Mönchskutte katholischer Orden. Die Vorschrift, einen Bart zu tragen, ist mit der Vorschrift, unter einer Burka oder einem Niqab gesichtslos zu werden, nicht vergleichbar.

In ihre Religion wird frau in der Regel hineingeboren. Die oftmals extrem hinderlichen verhüllenden Gewänder wie Niqab, Tschador oder Burka werden den Musliminnen von ihren Glaubensbrüdern vorgeschrieben. Frauen, soweit sie ihre kleinen Töchter frühzeitig entsprechend verkleiden, sind nur die Vollzugsbeamtinnen der von Männern erdachten und verhängten Kleiderordnung.

Insofern sind Tschador, Niqab und Burka eher mit Häftlingskleidung vergleichbar. Es überwiegt nicht der Aspekt des stolzen Bekennens einer selbstgewählten Identität, sondern der der Identitätsauslöschung und der Kenntlichmachung einer aufgezwungenen Identität. Eine Ausnahme sind natürlich diejenigen Frauen, die als Erwachsene dem Islam beigetreten sind und die Kleidervorschriften für Frauen freiwillig befolgen. In den übrigen Fällen dient die von außen aufgesetzte Kenntlichmachung nicht den Interessen der Häftlinge oder der Frauen in Einheitskleidung, sondern denen ihrer Aufseher. Einzige Ausnahme: Schul-Uniformen, die eine sinnvolle Maßnahme gegen den Zwang zu Markenklamotten unter Jugendlichen sein können.

Juli 2015

Politik

Was fehlte beim Festakt und in der Merkelrede zum Nationalfeiertag?

Der Festakt zum Tag der Deutschen Einheit fand diesmal in Hannover statt. Im Kuppelsaal der Stadthalle, nicht weit von meiner Wohnung, hatte sich die gesamte deutsche Politprominenz versammelt. Als Hannover-Fan habe ich mir die Sache im TV angeschaut – so hoher Besuch in unserer Stadt kommt ja nicht oft vor.

Die männliche Politprominenz erschien überwiegend komplett mit Gattin: Schröder und Schröder-Köpf, Voßkuhle und Gattin, Bouffier und Gattin, Weil und Kerkow-Weil, Schäuble und Gattin, Genscher und Gattin. Gaucks und Daniela Schadts Händchenhalten begeisterte offenbar die Kameraleute und Bildregie so sehr, dass es uns dauernd in Großaufnahme gezeigt wurde. Inniges Einverständnis zwischen dem Ossi und der Wessi als optische Versinnbildlichung der deutschen Einheit.

Merkel, von der Leyen, Schwesig, Lieberknecht und Süßmuth saßen da ohne Gatten. Wie sollen wir dieses Strukturgesetz – keine der Politikerinnen mit Gatten, die meisten der Politiker mit Gattin – interpretieren? Überließen die ritterlichen Gatten wichtigeren Persönlichkeiten ihre Plätze? Immerhin möchten viele einen Platz in der ersten Reihe, und die Zahl der Plätze ist begrenzt. Oder wollen die eher unwichtigen Gatten prominenter Frauen in der Öffentlichkeit nicht als männliche Anhängsel erkannt werden? Ich vermute Letzteres. Die weiblichen Anhängsel der prominenten Gatten sind hingegen gewohnt, das Bild des Gatten in der Öffentlichkeit zu komplettieren. Einer wie Christian Wulff, dem seine Gattin abhandenkam, gilt doch als eher traurige Figur. In unserer Herrenkultur wird eine Frau »an seiner Seite« erhöht. Für den Anhängsel-Mann gilt das Gegenteil, er fühlt sich erniedrigt neben seiner ranghöheren Gattin, deshalb macht er sich dünne.

Nicht dass die Gatten der Politikerinnen groß vermisst worden wären. Alles war schön festlich und fröhlich. Wir Deutschen durften mal stolz sein. Eine friedliche Revolution, das ist doch was! Fast so gut wie die Fußballweltmeisterschaft, auf die wir auch verhalten stolz sein dürfen.

Was ist sonst noch zu vermerkeln?

Ach ja, die Rede von Merkel. Sie war 25 Minuten lang und eindeutig das Hauptstück der Veranstaltung. Joey und mir hat sie sehr gut gefallen (Schröder offenbar weniger, er sah mäkelig drein und findet anscheinend noch immer, dass »die das ja gar nicht kann«). Die »mächtigste Frau der Welt« (*Forbes Magazine*) war klug, liebenswürdig, bescheiden und überzeugend. Joey, die uns um Merkel beneidet, meinte, im Vergleich mit Obama mache sie eindeutig die bessere Figur. Aber er wird allseits als brillanter Rhetoriker gepriesen.

In einem Punkt aber hat die Kanzlerin uns wieder, wie schon so oft, gründlich enttäuscht. Sie verurteilte mit klaren Worten Extremismus, Antisemitismus und Fremdenfeindlichkeit, die die Menschen in unserem Land bedrohen. Mit keiner Silbe erwähnte sie die Frauenfeindlichkeit in Deutschland, in Europa und in aller Welt, die um ein Vielfaches bedrohlicher ist als Extremismus, Antisemitismus und Fremdenfeindlichkeit zusammengenommen. In England sterben täglich drei Frauen durch ihre Partner, in Spanien sollen es täglich sieben sein. In Deutschland waren es im Jahre 2011 drei pro Woche. (Quelle: taz.de)

Der NSU ermordete in sechs Jahren zehn Personen. Deutsche Partnerinnenmörder sind da effektiver; sie schaffen dieselbe Anzahl in drei Wochen. Trotzdem findet die Kanzlerin dafür nicht ein einziges Wort des Abscheus, der Sorge, des Trostes und der Entschlossenheit, der Dauer-Katastrophe mit allen Mitteln entgegenzutreten.

Von daher vermute ich, dass ihre schöne Rede von einem Mann verfasst wurde. Aber sie hatte ja die Möglichkeit, seinen Entwurf um das Wesentliche zu ergänzen – und hat es nicht getan.

Was haben die Politikerinnengatten und die Partnerinnenmörder miteinander gemeinsam? Ihr eklatantes Fehlen beim Festakt bzw. in der Merkelrede ist kein Thema in den Medien und fällt niemandem auf – außer vielleicht ein paar Feministinnen. Das Fehlen und das Schweigen zeigen, dass das Patriarchat sich keine Sorgen zu machen braucht, seine Gesetze werden befolgt: Die Frau hat an seiner Seite zu sein und nicht umgekehrt. Wird sie berühmt, mag er sich mit dieser Schmach jedenfalls nicht sehen lassen. Gehorcht die Frau nicht, erschlägt er sie schon mal, aber das ist nicht der Rede wert, selbst wenn es massenhaft geschieht.

September 2014

Männerfreie Zone (fast): Die neue Regierung von Rheinland-Pfalz

Am Mittwochabend berichtete das heute-Journal, Malu Dreyer, Ministerpräsidentin von Rheinland-Pfalz, habe ihr Kabinett umgebildet. Um Schadensbegrenzung in Sachen Nürburgring-Skandal bemüht, habe sie vier Minister ausgewechselt. Ich war schon fast im Halbschlaf, da weckte mich die muntere, nicht enden wollende Prozession von Frauen wieder auf, die da den Bildschirm füllte: offenbar das neue Kabinett Dreyer. Ein Kabinett nur aus Frauen – so was hatte es doch noch nie gegeben. Die Moderatorin verlor über diese Ungeheuerlichkeit allerdings kein Wort. Sie tat, als sei das völlig normal.

Am nächsten Tag hatte ich das unbesungene Wunder fast schon wieder vergessen, aber am Freitag fiel es mir wieder ein, und ich beschloss, der Sache nachzugehen, und googelte »Kabinettsumbildung Dreyer«. Ja, hieß es jeweils dröge, sie habe ihr Kabinett umgebildet, wegen des Skandals um den Nürburgring. Der andere Skandal, dass sie die Stirn gehabt hatte, ihren Landeskindern ein Kabinett aus acht Frauen und zwei Männern zuzumuten, blieb hingegen weitgehend unkommentiert.

Früher benutzte man für Kabinettsumbildungen gern den frz. Ausdruck »Revirement«. Da es dabei *immer* um die Ablösung von Männern durch andere Männer ging, war ich bis heute davon überzeugt, das »vir« in dem Wort »Revirement« sei das lateinische vir »Mann«, und es handle sich bei einem Revirement folglich um eine »Umbemannung«. Nun aber belehrt mich der Duden online wie folgt:

> *Revirement*: Umbesetzung von Ämtern, besonders Staatsämtern

Beispiele
- im Außenministerium hat ein Revirement stattgefunden
- ein Revirement vornehmen

Herkunft französisch *revirement* = Umschwung, zu: *virer* = wenden, über das Vulgärlateinische zu lateinisch *vibrare* »vibrieren«

Sollen wir dem Duden das glauben? Mich hat er nicht überzeugt.

Bleiben wir noch einen Moment bei »vir«. Es steckt auch in *viril* »männlich«, und – für unser Thema aufschlussreicher – in *Triumvirat* »Dreimännerkollegium«, das wir aus der römischen Geschichte kennen. Rund zweitausend Jahre später erschien das erste »Feminat« auf der Bildfläche, eine Analogiebildung zu »Triumvirat«. Im April 1984 wählten die Grünen im Bundestag einen Fraktionsvorstand, der nur aus Frauen bestand und in den Medien umgehend als »Feminat« bezeichnet wurde, um nicht zu sagen, verschrien war. Fünf Jahre später gab es das zweite Feminat: »Mit acht Senatorinnen und fünf Senatoren sowie dem Regierenden Bürgermeister war der [Berliner] Senat Momper die erste deutsche Landesregierung mit Frauenmehrheit.«

Ich erinnere mich noch gut an die Häme und den Aufruhr in den Medien um diese beiden »Feminate«. Was also ist davon zu halten, dass das neue Feminat Malu Dreyers so gar niemanden hinter dem Ofen hervorlockt und niemand mehr das Schimpfwort »Feminat« dagegen bemüht? Liegt es vielleicht daran, dass die rheinland-pfälzische Regierung auch schon vor der Kabinettsumbildung ziemlich frauenlastig war mit sechs Frauen und vier Männern? Aber jetzt sind es acht Frauen und nur noch zwei Männer, und wenn das so weitergeht, sind die Männer bald ganz verschwunden. Wieso machen sie dagegen nicht mobil wie ehedem?

Malu Dreyers neues Kabinett ist eine große Errungenschaft für Frauen. Weibliche Erfolge werden von Männern – die in unseren Medien weiterhin das Sagen haben – üblicherweise nicht gefeiert, sondern entweder bekämpft oder ignoriert. Das Ignorieren wird immer dann gewählt, wenn das Bekämpfen aussichtslos scheint. Als feministische Linguistin erlebe ich beide Reaktionsweisen seit 35 Jahren. Zuerst wurden unsere sprachkritischen Forderungen mit allen Mitteln bekämpft. Sowie wir trotzdem Erfolge verzeichnen konnten, hieß es, wir rennten mit unserer Kritik offene Türen ein, das »Gendern« sei doch inzwischen selbstverständlich.

Aus diesen Erfahrungen schließe ich, dass mann Aufregung über Malu Dreyers Frauenkabinett nicht für opportun hält. Mann ergibt sich in sein Schicksal, in Rheinland-Pfalz von Frauen regiert zu werden – welche Schande! Und eine Schande wird am besten totgeschwiegen.

Wir Frauen haben allerdings keinen Grund, diese Strategie nachzumachen und ebenfalls zu schweigen. Wir sollten Malu Dreyers Coup als Vorbild für weitere hübsche Kabinettsbereinigungen ordentlich feiern und die frohe Kunde überall herumposaunen.

Oktober 2014

Über »Meinungsfreiheit«, »free speech« und »liberté d'expression«

Nach den islamistischen Mordattacken in Paris treten Menschen und Medien weltweit für »liberté d'expression«, »freedom of expression«/»free speech« und »Meinungsfreiheit« ein.

In Boston höre und lese ich pausenlos von »freedom of expression« und »free speech«. Wie kommt es, frage ich mich, dass nur die Deutschen von »Meinungsfreiheit« reden, wo alle anderen die freie *Äußerung/Expression*, den freien *Ausdruck* (der Meinung), die freie *Rede* betonen?

Hat es vielleicht mit deutscher Obrigkeitshörigkeit und deutschem Duckmäusertum zu tun? Eine bestimmte, auch abweichende Meinung zu haben ist schließlich kein Problem. Erst wenn wir abweichende Meinungen *äußern*, kann es brenzlig werden.

Meinungsfreiheit – geschenkt. Wir alle können die geächtetsten oder gesellschaftschädlichsten Meinungen hegen, solange wir sie nicht ausagieren, ist alles in Ordnung. Da gehen also die Deutschen massenhaft auf die Straße für ein Recht, das eigentlich keines ist? Das Recht, eine eigene Meinung zu haben, ist wie das Recht, zu atmen. Es muss nicht im Grundgesetz verankert werden, denn die eigene Meinung als solche ist privat und nicht kontrollierbar. Erst wenn sie *geäußert* wird, kann es u. U. Ärger geben. Die Meinung, dass Hitler ein Verbrecher war, hatten zu seinen Lebzeiten viele Deutsche. Aber nur diejenigen, die diese Meinung *äußerten*, kamen in Lebensgefahr.

Schauen wir uns das Gesetz über unsere »Meinungsfreiheit« mal genauer an: Artikel 5 (1) unseres Grundgesetzes lautet:

> Jeder [sic] hat das Recht, seine [sic] Meinung in Wort, Schrift und Bild frei zu äußern und zu verbreiten und sich aus allgemein zugänglichen Quellen ungehindert zu unterrichten. Die Pressefreiheit und die Freiheit der Berichterstattung durch Rundfunk und Film werden gewährleistet. Eine Zensur findet nicht statt.

Wir sehen, Artikel 5 (1) des Grundgesetzes behandelt das »Recht auf freie Meinungsäußerung«. Anders ausgedrückt, das »Recht auf Meinungsäußerungsfreiheit«, abgekürzt zu »Recht auf Meinungsfreiheit«.

»Meinungsäußerungsfreiheit« ist eines dieser langen zusammengesetzten Wörter des Deutschen, die Anderssprachige in der Regel unaussprechbar, unlesbar und unmöglich finden. Deswegen, um diesen KritikerInnen und uns selbst einen Gefallen zu tun, haben wir es gekürzt zu »Meinungsfreiheit«. Die Sprachwissenschaft spricht hier von »Ellipse«.

Warum haben wir es nicht zu »Äußerungsfreiheit« oder »Ausdrucksfreiheit« gekürzt, wie das Englische und Französische? In diesen Sprachen fehlt ja auch ein Teil, nur ein anderer als im Deutschen. Es fehlt dort die Bezeichnung dessen, *was* frei geäußert werden darf: *freedom of expression [of opinion]*, *liberté d'expression [de l'opinion]*. Auch ziemlich lange Ausdrücke, und auch sie wurden gekürzt, halt nur anders.

Es scheint zunächst, dass das Deutsche auf den wichtigeren Teil verzichtet hat. Nicht das Haben einer Meinung ist gefährlich, sondern das Äußern kann gefährlich werden. Und deshalb muss das Recht darauf vom Staat gewährleistet werden.

Andererseits scheint mir die deutsche Lösung präziser, wenn ich z. B. an Edward Snowden denke. Hätte er nur eine Meinung geäußert, wäre ja alles in Butter gewesen. Wen – außer fundamentalistische AnhängerInnen patriarchaler Religionen wie Christentum, Islam oder Judentum – kratzt schon eine bloße Meinung? Ein dickes Fell angesichts der abstoßendsten Meinungen über uns mussten besonders wir Frauen uns zulegen. Aber was Snowden öffentlich gemacht hat, waren Staatsgeheimnisse, also Tatsachen, die sein Staat lieber geheim halten wollte. Und schon war Schluss mit »freedom of expression« oder »free speech«. Es dürfen eben nur *Meinungen* frei geäußert werden. Und das teilt nur der deutsche Ausdruck mit, während das Englische und Französische hier nicht nur elliptisch, sondern irreführend sind.

Dezember 2014

Biodeutsche

In letzter Zeit höre ich regelmäßig den Podcast *Fragen an den Autor* des SR2, der diesen wie folgt anpreist: »Die traditionsreichste Sachbuchsendung im deutschen Sprachraum stellt seit über 33 Jahren jeweils ein Buch eines Autors eine Stunde lang im Gespräch vor.« Vielleicht weil die Sendung so alte Wurzeln hat, ist sie nach wie vor nicht nur im Titel, sondern auch im Inhalt sehr männlich geprägt. Unter den letzten 12 »Autoren« war nur eine Autorin, nämlich Anne Katharina Zschocke mit ihrem spannenden Buch über Darmbakterien. Wenn frau von dem Männerauflauf allmählich genug hat, kann sie zurückgreifen auf den Podcast des Archivs der Sendung, betitelt *Klassiker von »Fragen an den Autor«*. Dort sind derzeit 300 Sendungen greifbar, und es findet sich hin und wieder auch eine mit einer Autorin, z. B. konnte ich schon Iris Radisch über die Familie hören und Maja Maike Nowak über Hunde.

Darmbakterien, Familie, Hunde – neben dem breiten Themenspektrum, mit dem die Männer aufwarten, wie NSA, Snowden, Putinversteher, Bittere Pillen, Klimawandel, Nahost, Arktis, Japan, Arbeitswahn usw. – nehmen sich die Interessen der Frauen ja recht häuslich aus. Ich selbst hätte in meinen Sachbüchern auch spannende Themen anzubieten, Männersprache, Wahnsinnsfrauen, Frauenpaare usw., aber ich wurde in den vergangenen 39 Jahren vom SR noch nie zum Gespräch eingeladen. Macht nix, ich empfehle die Podcasts trotzdem: Sehr lebendig und informativ. Ich habe bei meiner Hausarbeit zuhörend schon sehr viel gelernt. [Nachtrag: Ich habe mich geirrt. Schon 1986, vor bald 30 Jahren, wurde ich für die Sendereihe zum Gespräch über *Deutsch als Männersprache* eingeladen. Die Sendung ist nun archiviert als *Klassiker von »Fragen an den Autor«* und kann als Podcast heruntergeladen werden.]

Eingeladen war im Dezember auch Heinz Buschkowsky, der Bezirksbürgermeister des Brennpunkts Berlin-Neukölln, zu seinem Buch *Die andere Gesellschaft*. Und damit komme ich zum eigentlichen Thema meiner heutigen Glosse: Buschkowsky sprach wiederholt von »Biodeutschen« – das Wort hatte ich noch nie gehört. Er meinte damit wohl mich und meinesgleichen, also Deutsche mit deutschen Wurzeln bzw. Deutsche ohne Migrationshintergrund. Ich wollte mich bei Wikipedia informieren und erfuhr, dass der Artikel »Biodeutscher« wegen interner Differenzen gelöscht wurde. An dessen Stelle war ein kurzer Satz im Artikel »Migrationshintergrund« getreten: »Synonym zum Begriff des Menschen mit Migrationshintergrund wird der des *Allochthonen* gebraucht. Antonym zu diesen Begriffen ist die Bezeichnung *Autochthoner*. In Bezug auf Deutschland ist für Menschen ohne Migrationshintergrund auch (meist scherzhaft) von *Biodeutschen* die Rede.«

»Allochthon« und »Autochthon« – das klingt ja mächtig griechisch und kommt derzeit vielleicht nicht so gut an. »Bio« hat zwar auch griechische Wurzeln, aber das stört niemand mehr.

Nachdem ich den Wiki-Artikel »Migrationshintergrund« gelesen hatte, kamen mir Zweifel, ob ich wirklich echt biodeutsch bin, denn die Eltern meines Vaters sind aus Polen eingewandert. Die Definition ist nicht nur kompliziert, sondern auch undurchsichtig und widersprüchlich. Ich hatte keine Lust, da tiefer einzusteigen.

Offenbar finden viele die Bezeichnung »biodeutsch« diskriminierend, obwohl doch Biogemüse als edler gilt als einfaches Gemüse und auch teurer ist. Aber diejenigen, die die Bezeichnung »biodeutsch« für sich ablehnen, wollen halt nicht mit Gemüse gleichgesetzt werden, und sei es auch das edlere, teurere und gesündere.

Als Gründerin von FemBio.org (eine Abkürzung von ***Fem**inistische **Bio**graphieforschung*) werde ich auch oft von Witzbolden gefragt, ob unser Frauenbiographieportal ein Bioladen sei. Geschenkt.

»Biodeutsch«, so las ich auch, sei erstmals von Cem Özdemir benutzt worden und es sei eine diskriminierende Bezeichnung, die gern von Deutschen mit Migrationshintergrund benutzt werde, um sich von den Deutschen ohne Migrationshintergrund abzugrenzen.

Ich vermute ja, dass die Wortschöpfung »biodeutsch« nicht unbedingt feindselig gemeint war. Es zeugt nur von einer anderen Perspektive. Die Deutschen mit Migrationshintergrund setzen sich selbst als Zentrum und Bezugspunkt und benennen die Andersartigen. So was sind wir Biodeutschen nicht gewöhnt. Normalerweise sind wir es, die die »Zugewanderten« und wie die Bezeichnungen alle heißen mögen, kategorisieren und zwecks Abgrenzung benennen.

Bei Hubert Fichte las ich zum ersten Mal das Wort »Solide«. Als »Solide« bezeichneten Prostituierte solche Frauen, die keine Prostituierten, sondern »solide« waren. Auch eine relativ positive Bezeichnung. Nur mögen wir halt nicht von »denen« *überhaupt* kategorisiert werden, noch dazu als »Nicht-Prostituierte«. Das Kategorisieren ist *unser* Privileg bzw. allgemein gesprochen das Privileg derjenigen, die sich als Norm begreifen. Die Norm wird nicht extra benannt, schrieb ich schon in meiner Uraltglosse »Damenwahl« vor 100 Jahren. Das Pendant, die »Herrenwahl« findet zwar bei Tanzveranstaltungen laufend statt, hat aber – da die Norm – keinen eigenen Namen. Ähnlich funktionieren die »Herrenhandtasche« und die »Herrentorte«. Die Homosexuellen wurden schon immer ausgegrenzt, kategorisiert und benannt. Die Heterosexuellen sehen sich erst seit kurzem in dieser Situation.

Etwas weniger volkstümlich behandeln Philosophie, Psychologie und Soziologie das Thema »Otherness«:

> When used as a verb it means to distinguish then label then identify as belonging to a category and then exclude those who do not fit a societal norm. In geographic terms »to other« means to place outside of the center, somewhere along the margins where the societal norm does not reside. (Quelle: Wikipedia)

Für den Mann ist die Frau »das andere Geschlecht«, wie schon Simone de Beauvoir feststellte. Die neu benamsten Biodeutschen verhalten sich diesbezüglich zu den Deutschen mit Migrationshintergrund wie Männer zu Frauen. Die sprachliche Ausgrenzung und »Andersbehandlung« der Frauen durch die Männer ist das Thema der feministischen Linguistik.

Womit wir wieder beim Anfang angekommen wären, bei den *Fragen an den Autor*, die schon im Titel

keinen Gedanken an Frauen aufkommen lassen und dann das Geschäft jahrzehntelang auch genauso frauenvergessen durchziehen.

Apropos frauenvergessen: Unter den Deutschen mit Migrationshintergrund und den Biodeutschen gibt es anscheinend auch keine Frauen, wie uns das links abgebildete Titelbild nahelegt.

Wir sehen, das Thema geht uns Frauen sowieso nix an. Ich bitte um Entschuldigung, dass ich damit unsere Zeit vergeudet habe.

März 2015

Wenn der Flüchtling eine Frau ist

Das »Flüchtlingsproblem« läuft unter falscher Flagge – es ist eines der vielen Probleme, die wir mit Rechtsextremen haben. Solche fehlidentifizierten Probleme sind nichts Neues. Das meistdiskutierte war die sogenannte »Frauenfrage«, die natürlich eine Männerfrage war.

Rein sprachlich gesehen sind aber die »Flüchtlinge« durchaus ein Problem, denn das Wort »Flüchtling« ist – wie alle deutschen Wörter, die mit »-ling« enden – ein Maskulinum, zu dem sich kein Femininum bilden lässt. Bei »Pfifferling«, »Jüngling«, »Engerling«, »Bratling«, »Schmetterling« und »Fäustling« stört uns das nicht weiter, bei »Wüstling«, »Lüstling« und »Feigling« erst recht nicht, aber bei »Liebling« wünschen wir uns schon manchmal was Weiblicheres, und bei »Flüchtling«, »Lehrling«, »Täufling« und »Säugling« wird es echt zum Problem. Diese maskulinen Bezeichnungen verdrängen Mädchen und Frauen aus unserem Bewusstsein; sie lassen in unseren Köpfen automatisch Bilder von Jungen oder Männern entstehen.

Der »Säugling« wird heute meistens »Baby« genannt. Prima Lösung!

Kürzlich bekam ich über Facebook folgende Anfrage:

> Liebe Frau Pusch, ich bin eigentlich schon recht kreativ, was den Umgang mit gerechter Sprache angeht. Aber hier stoße ich an meine Grenzen: Was ist die weibliche Form von »Täufling«?

Ich schrieb zurück:

> Normalerweise würde ich frech für »die Täufling« plädieren nach der Devise »Wir machen unsere Sprache selber: die Welt gehört feminisiert.« Allerdings klingt »die Täufling« wie »die Teufelin«, und im christlichen Milieu kämen da sicher sofort die falschen Assoziationen für die arme kleine Täufling auf. Vielleicht »Taufkind« in Anlehnung an »Geburtstagskind«? Ich werde weiter nachdenken.

Wenn es nur das Problem mit »dem Täufling« wäre. Aber da ist eben das viel größere und aktuellere Problem mit »dem Flüchtling« und den sogenannten »weiblichen Flüchtlingen«, auch »Flüchtlingsfrauen« genannt oder »Frauenflüchtlinge« (in der Schweiz).

Der Blogger Sascha Lobo schlug neulich in Maybrit Illners Talkshow vor, statt von »Flüchtlingen« von »Vertriebenen« zu sprechen, was der bayrische Innenminister sofort als Beleidigung zurückwies. Offenbar meinte er, die deutschen Flüchtlinge, die nach dem Krieg aus ihrer Heimat vertrieben wurden und im mächtigen, staatlich geförderten »Bund der Vertriebenen« organisiert sind, seien etwas Besseres als die nichtdeutschen Flüchtlinge, die derzeit in Scharen nach Deutschland kommen. Pfui, kann frau da nur sagen.

Lobos Vorschlag hatte noch zusätzlich den Vorteil, dass »die Vertriebenen« geschlechtsneutral ist und Frauen als gleichberechtigt behandelt, jedenfalls grammatisch. Aber natürlich nur im Plural. Im Singular herrscht wie gehabt das generische Maskulinum: »Vertriebener [!] ist, wer als deutscher [!] Staatsangehöriger [!] oder deutscher [!] Volkszugehöriger [!] seinen [!] Wohnsitz in den ehemals unter fremder Verwaltung stehenden deutschen Ostgebieten … verloren hat.« (§ 1 Bundesvertriebenengesetz (BVFG), zitiert nach Wikipedia).

Dennoch – dieses »Flüchtlingsproblem« hätten wir mit Hilfe von Sascha Lobo schon mal ansatzweise gelöst.

Sollten die deutschen Vertriebenenverbände gegen die Bedeutungserweiterung ihrer gesetzlich definierten Bezeichnung protestieren, könnten wir statt »Vertriebene« auch »Geflüchtete« oder »Geflohene« sagen. Oder einfach »Willkommene«, nachdem sie den Deutschen doch zu einer nie für möglich gehaltenen »Willkommenskultur« verholfen haben.

Ebenfalls ansatzweise gelöst, und zwar schon lange, ist das »Lehrlingsproblem«. Die Lehrlinge heißen jetzt »Auszubildende«, was wenigstens im Plural schön geschlechtsneutral ist.

Nun noch einmal zum Täufling. »Der Täufling soll Lena heißen« – wie hässlich klingt das denn?! Gesucht wird eine weibliche oder zumindest geschlechtsneutrale Bezeichnung.

Bei Wikipedia lese ich: »Das griechische Wort für *taufen* im Neuen Testament ist *baptízein* (βαπτίζειν) und bedeutet so viel wie ein- oder untertauchen.«

Da hätten wir also schon eine Lösung: Aus allzu maskulin getönten Täuflingen werden – nach dem gelungenen Vorbild der »Auszubildenden« – geschlechtsneutrale »Einzutauchende«: »Die Einzutauchende heißt Lena, der Einzutauchende Markus«. Und wenn sie fertig eingetunkt sind, ist Lena eine »Eingetauchte« und Markus ein »Eingetauchter«.

Klingt alles zu sehr nach Dunkin Donuts? Dann ist vielleicht doch das »Taufkind« noch die beste Lösung.

Nachtrag am 20.10.15: Rolf Löchel, FemBiograf und Experte in Sachen Feminismus und Literatur, schickte uns noch folgenden Hinweis zur uralten Geschichte von Frauen, die vor patriarchaler Gewalt fliehen:

> Dann dachte ich nach der Lektüre Ihrer Glosse noch über »Schutzflehende« nach, was zwar wegen des »Flehens« nicht so schön klingt, aber den Vorteil hätte, der deutsche Titel von Aischylos' Tragödie »Hiketides« zu sein. Und eben deshalb gefällt es mir so gut. Denn die Hiketides/Schutzflehenden des Aischylos sind 50 Frauen, die vor einer Zwangsverheiratung aus ihrer Heimat nach Argos fliehen und um Asyl bitten. Aber vermutlich würde kaum jemand bei dem Ausdruck »Schutzflehende« die 50 Frauen der Tragödie und ihren geschlechtsspezifischen Grund zur Flucht assoziieren.

Oktober 2015

Endorsements für Hillary

Am vergangenen Montag (25.1.16) gab die Redaktion des *Boston Globe* (größte Tageszeitung Neuenglands und eine der angesehensten Zeitungen der USA) ihr Endorsement für Hillary Clinton bekannt (eine Erklärung des Wortes »Endorsement« findet sich am Ende dieser Glosse).

Wir freuten uns sehr über die Wahlempfehlung, denn vor acht Jahren hatte uns der *Globe* schwer enttäuscht mit seinem Endorsement für Obama. Massachusetts entschied sich in den Vorwahlen dann trotzig für Hillary – aber genützt hat es ja nichts.

Joey las mir den Text vor, während ich das Frühstücksgeschirr abwusch. Anschließend stellte sie fest: Das Wort »woman« kommt in dem Text nicht vor. Auch nicht die Wörter »women« oder »female«.

Tags darauf gab die Organisation »Feminist Majority Foundation« ihr Endorsement für Hillary Clinton bekannt. Der Text ist etwa halb so lang wie der des *Boston Globe*, dafür kam aber das Wort »women« 18-mal darin vor.

Was mag den *Boston Globe* bewogen haben, das auffälligste Merkmal dieser Präsidentschaftskandidatur, nämlich dass Hillary Clinton eine Frau und (ganz anders zum Beispiel als Angela Merkel, der Göttin sei's geklagt) sogar eine engagierte Feministin ist, unerwähnt zu lassen?

Wollen sie ihr damit einen Gefallen tun und sie behandeln wie alle anderen Kandidaten, deren Geschlecht ja auch meist kein Thema ist? Weil männliche Präsidentschaftskandidaten leider die Norm sind und das Stinknormale, auch wenn es noch so stinkt, normalerweise kein Thema ist?

Wollen sie erst gar nicht den Gedanken aufkommen

lassen, dass Hillary für Frauen eintreten und dadurch eventuell Männer benachteiligen könnte? Das könnte Hillary männliche Wählerstimmen kosten. Und zu so unerwünschten Konsequenzen der Thematisierung von Frauen (und ihren Rechten) möchte der *Boston Globe* nicht beitragen?

Beim Endorsement des *Boston Globe* für Obama vor acht Jahren fehlten die Wörter »black« und »African-American«. Schließlich sollte das ja ein Präsident für *alle* AmerikanerInnen sein, nicht nur für die Schwarzen oder für die, die ein Zeichen gegen die Rassendiskriminierung setzen wollten.

Aber es gab zahlreiche Synonyme aus dem heiklen Wortfeld, das zwar nur indirekt angesprochen wurde, aber keinesweg unter den Tisch fiel. Das wichtigste dieser Wörter war »race«, andere waren »multi-ethnic«, »diversity«, »roots«. Für Hillary wäre entsprechend mindestens das Wort »gender« erwartbar gewesen. Aber sogar das fehlt!

Ich finde keine stimmige Erklärung für das »frauenfreie«, widersprüchliche Hillary-Endorsement des *Boston Globe*. Vielleicht war der Text ein mühsam erstrittener Kompromiss verschiedener Fraktionen innerhalb der Redaktion. Inzwischen hat auch die *New York Times* sich offiziell für Hillary engagiert und zeigt uns, dass es auch anders geht. Unter den zahlreichen Wörtern kam an sehr prominenter Stelle das Wort »woman« vor: »Hillary Clinton would be the first woman nominated by a major party.« Und dann noch siebenmal das Wort »women« im weiteren Text.

Die *New York Times* ist weitaus bedeutender und einflussreicher als der *Boston Globe*. Unbestritten ist sie die wichtigste und meistgelesene Tageszeitung nicht nur der USA, sondern der westlichen Welt. Der *Boston Globe* kann da keineswegs mithalten.

Aber natürlich hat er viel Einfluss in Neuengland und somit auch in New Hampshire, dessen Vorwahlen (am 9. Februar) von vielen als tonangebend, wenn nicht für den weiteren Verlauf der Vorwahlen als entscheidend angesehen werden. Was das Ergebnis betrifft, bin ich aus verschiedenen Gründen zuversichtlich, und immerhin hat der regional bedeutende *Globe* dem Wahlvolk der Democrats und Independents von New Hampshire ans Herz gelegt, Hillary zu wählen – wenn auch auf verdruckste, äußerst kuriose Weise.

Noch eine Bemerkung zu den Wörtern »to endorse« und »Endorsement«. Sie stammen aus der Welt des Marketing und sind in Deutschland so ungebräuchlich, wie sie in den USA alltäglich sind. »To endorse« bedeutet ursprünglich, sich für ein Produkt einzusetzen und mit dem eigenen (möglichst guten und prominenten Namen) dafür zu werben. Eine überzeugende deutsche Entsprechung gibt es m. W. nicht, weshalb im deutschen Sport- und Musikmarketing denn auch meist einfach von Endorsement, Endorsern etc. gesprochen wird. Wenn Thomas Gottschalk von Haribo-Gummibärchen schwärmt und die deutsche Männer-Nationalelf in Adidas-Klamotten aufspielt, so haben wir es mit (sehr lukrativen!) Endorsements zu tun. Die USA sind das Mutterland des Marketing – auch dies Wort scheint unübersetzbar – und sind diesbezüglich nicht zimperlich. PolitikerInnen werden gekauft, folglich sind sie Waren und werden beworben wie andere Waren auch. Hillary Clintons demokratischer Rivale Bernie Sanders verkauft sich zwar als Ausnahme, aber verkaufen muss auch er sich. In Europa fremdeln wir noch und haben die Praxis mitsamt den Ausdrücken für Menschen bisher noch nicht übernommen. Bisher hat m. W. noch niemand Angela Merkel endorsiert bzw. ein Endorsement für sie ausgesprochen. Aber die Wahlen sind ja auch noch ein

Weilchen hin. Wenn es so weit ist, werden hoffentlich viele Zeitungen, Institutionen und Promi-Frauen sie endorsieren – damit dieses unwiderstehliche Szenario Wirklichkeit wird:

Die dann nur noch zweitmächtigste Frau der Welt, Angela Merkel, bringt zusammen mit der mächtigsten Frau bzw. Persönlichkeit, Hillary Clinton, der Chefin des IWF Christine Lagarde und der Chefin der Fed (US-Notenbank) Janet Yellen die Welt mit weiblicher Klugheit, Empathie, Umsicht sowie Vernetzungs- und Verhandlungskunst endlich auf Vorderfrau!

Februar 2016

Brexit, Brexitus oder Braustritt? Sollte Englisch EU-Arbeitssprache bleiben?

Der Brexit bringt jede Menge Probleme mit sich. Was bisher noch kaum thematisiert wurde: Er verschiebt auch das sprachliche Gleichgewicht. Die EU unterscheidet zwischen Amtssprachen und Arbeitssprachen. 24 Amtssprachen haben wir und drei Arbeitssprachen, nämlich – in alphabetischer Reihenfolge – Deutsch, Englisch und Französisch. JedeR EU-BürgerIn kann vor und in EU-Gremien in ihrer Muttersprache auftreten und muss nicht unbeholfen in irgendeiner Fremdsprache radebrechen. Ich hielt mal eine Rede vor dem Europarat, auf Deutsch, und wurde von den oberhalb des Vortragssaals in ihren Glaskästen sitzenden Dolmetscherinnen simultan in alle Muttersprachen der Anwesenden übersetzt. Die EU leistet sich da einen Riesenaufwand, denn keine EU-Bürgerin soll wegen ihrer Muttersprache diskriminiert werden. Die »ökonomische Ungleichheit« ist schlimm genug, sie soll nicht auch noch durch eine »sprachliche Ungleichheit« verschärft werden. Die EU sorgt damit nicht nur für sprachliche Gerechtigkeit, sondern verschafft auch vielen Frauen gut bezahlte Arbeitsplätze, denn die meisten, die da dolmetschen, sind Frauen.

Ich erinnere mich noch gut an die Zeit, als Helmut Kohl im Vergleich zu seinem »weltläufigen« Vorgänger Helmut Schmidt als »Hinterwäldler« verspottet wurde, weil er sich mit den anderen »Großen dieser Welt« nicht auf Englisch unterhalten konnte und stur auf seiner Muttersprache bestand. Zwar mochte ich auch keinen Kohl, aber ihn wegen seiner Sprache zu verunglimpfen, fand ich ungerecht – Thatcher und Reagan, die auch keine andere Sprache vernehmen ließen als ihre Muttersprache, galten deswegen noch lange nicht als hinterwäldlerisch.

Im Jahre 1992 habe ich mich dem europäischen Sprachproblem schon einmal gewidmet. Damals schrieb ich: »Die Länder Europas wachsen zusammen, aber wir haben keine gemeinsame europäische Sprache. Deutsch ist die am weitesten verbreitete Sprache in der EG, aber in den Gremien dominieren Englisch und Französisch. Nun soll Deutsch zur dritten EG-Sprache aufgewertet werden, stand in der Presse zu lesen …«

Nun, das Problem hat sich ja inzwischen erledigt.

Nach dem Brexit ist aber zu fragen, ob Englisch die dritte Arbeitssprache bleiben oder ob nicht eine andere Sprache, etwa Italienisch, Spanisch oder Polnisch, diesen privilegierten Platz einnehmen sollte.

Mit dem Austritt Englands gibt es in der EU keinen Mitgliedsstaat mehr, in dem Englisch die Hauptsprache ist. Neben Malta (0,4 Mio.) ist Irland mit seinen 4,6 Mio. EinwohnerInnen das einzige EU-Land, in dem Englisch (zweite) Amtssprache ist, allerdings eine ziemlich ungeliebte, denn es ist die »Sprache der Eroberer«. Und das gilt nicht nur für Irland:

> Die meisten Weltsprachen entstanden durch kriegerische Expansion von Staaten, in denen die entsprechende Sprache gesprochen wurde, und anschließende langdauernde Hegemonie der eroberten Gebiete. Dies gilt für alle Regionen der Welt und sowohl für die Weltsprachen der Antike wie für jene der Neuzeit oder der Gegenwart.
> So schwingt in dem Begriff Weltsprache stets ein gewisser imperialer Hintergrund mit […] Viele der neuzeitlichen Weltsprachen sind ehemalige Kolonialsprachen, deren Verbreitung auf anderen Kontinenten vor allem durch Eroberung, Kolonisation und Ausrottung erfolgte. (Quelle: https://de.wikipedia.org/wiki/Weltsprache)

Es ist nicht einzusehen, wieso die verschmähte Europäische Union eine Sprache, die in der EU nur noch 5 Mio., also weniger als 1 % (widerwillige) MuttersprachlerInnen hat, als eine ihrer drei Arbeitssprachen privilegieren sollte. Länder wie Italien (60 Mio.), Spanien (46,5 Mio.), Polen (38,5 Mio.) Portugal (10,6 Mio.) und Ungarn (10 Mio.) könnten sich zurückgesetzt fühlen.

Aber: Englisch ist mit 38 % die *meistgelernte* Fremdsprache der EU:

Noch sind die 3 Arbeitssprachen der EU »auch die drei meistgesprochenen und meistgelernten Sprachen […]; nämlich Deutsch (18 %; 14 %), Englisch (13 %; 38 %) und Französisch (14 %; 14 %) (in Klammern jeweils der prozentuale Anteil der EU-Bevölkerung, der diese Sprache als Muttersprache bzw. Fremdsprache spricht). Verhandlungen, Besprechungen und alle Veröffentlichungen der Europäischen Organe müssen in diesen drei

Sprachen geführt bzw. bekanntgegeben werden.« (Quelle: Wikipedia)

Da haben die BritInnen der EU also noch ein vertracktes Problem aufgehalst: Dass sie die Sprache des einzigen Mitgliedslandes, das die Union verlassen hat, weiter als Arbeitssprache behalten müssen, weil sie innerhalb der Union die meistgelernte Sprache ist.

Ich bin gespannt, wie die Union dies Problem lösen wird. Mein Vorschlag: Sie sollte eine dritte Kategorie einführen: Neben den Amtssprachen und Arbeitssprachen auch noch Hilfssprachen. Arbeitssprachen sind die drei Sprachen, die EU-weit den größten Anteil an MuttersprachlerInnen haben. Das wären zurzeit Deutsch, Französisch und Italienisch. Hilfssprache ist diejenige Sprache, die von den meisten EU-BürgerInnen verstanden wird. Im Moment ist das das Englische, obwohl nach dem Brexit nur knapp 1 % MuttersprachlerInnen übrig geblieben sind. Zu überlegen wäre noch, ob als Hilfssprachen nicht auch solche EU-Sprachen gelten könnten, die zwar weder zu den meistgesprochenen noch zu den meistgelernten Sprachen der EU, dafür aber zu den 12 Weltsprachen gehören. Das wären dann Spanisch und Portugiesisch – die sich wie das Englische wegen ihrer Kolonialgeschichte weit über den Globus verbreiten konnten.

Was genau unter »Hilfssprache« zu verstehen ist, was ihre Funktionen in der Eu sind, wäre noch festzulegen.

Verstehen Sie mich nicht falsch. Ich liebe das Englische – auch deshalb, weil es wegen seiner »uneuropäischen« grammatischen Struktur viel leichter zu entpatrifizieren ist als die europäischen Genus-Sprachen. Ich war schon immer anglophil, habe Englisch studiert, über das Englische meine Dissertation geschrieben, lebe seit 30 Jahren mit einer US-Amerikanerin zusammen und verbringe jedes Jahr vier Monate in den USA. Durch meine engen Kontakte mit Ländern, die die »Weltsprache Nr. 1« sprechen (und in der Regel deshalb auch keine andere), erlebe ich aber auch, dass die Einengung des Blicks durch die sprachliche Hegemonie den Einsprachigen nicht so gut bekommt. Die Eindimensionalität und Nabelschau kann im schlimmsten Fall zu selbst- und fremdschädigendem Verhalten wie der Wahl Donald Trumps oder dem Brexit führen. Es wäre interessant zu untersuchen, ob auch die AnhängerInnen der europäischen RechtspopulistInnen überwiegend Einsprachige sind.

Die EU als Inbegriff der Vielsprachigkeit könnte den Einsprachigen/Monokultis helfen, mehr Menschen verstehen zu lernen als nur sich selbst, indem sie die »Weltsprache Nummer 1« ein bisschen degradiert. Sie könnte damit anfangen, indem sie das Wort »Brexit« meidet und stattdessen von »Braustritt«, »Brortie« oder »Bruscita« spricht. Diese Worte klingen so seltsam, dass auch mögliche Nachahmungen wie Fraustritt, Nuscita oder Dortie weniger einladend wirken.

Juni 2016

Shitstorm oder Eine Glosse sorgt für Aufruhr

Frauenquote fürs Cockpit

Die Fluggesellschaften reagierten schnell: Ab sofort soll auch bei uns die »Zwei-Personen-« bzw. »Vier-Augen-Regel« für das Cockpit gelten. Im Gespräch sind auch regelmäßige psychologische Tests für Piloten. Das meldeten heute die Nachrichten. Gleichzeitig meldeten sie: »Der Bundesrat verabschiedete am Freitag in Berlin das Gesetz, nach dem in Zukunft knapp ein Drittel der Plätze in den Aufsichtsräten von Großkonzernen von Frauen besetzt werden müssen.« (*Handelsblatt*). Zu den Großkonzernen gehört auch die Lufthansa.

Ich möchte einen Vorschlag machen. Die Lufthansa sollte sich nicht nur für ihren Aufsichtsrat, sondern auch für ihre Cockpits eine Frauenquote verordnen. Höchste Zeit ist es allemal, denn zurzeit gibt es bei der Lufthansa nur 6 % Pilotinnen.

Die Selbstmordquote, so hörte ich bei meinem Radio- und TV-Marathon seit der Katastrophe in den französischen Alpen, ist bei Männern viermal so hoch wie bei Frauen. Die Lufthansa könnte also das Risiko, dass ihre Piloten das Flugzeug zu Selbstmord und vielfachem Mord missbrauchen, mit jeder Frau, die sie zur Pilotin ausbilden, ganz erheblich reduzieren.

Amokläufe und sog. Familienauslöschungen, die gern zu »erweitertem Selbstmord« und »Mitnahme-Selbstmord« verharmlost werden, sind Verbrechen, die nahezu ausschließlich von Männern begangen werden. Für Amokflüge, die offenbar häufiger vorkommen, als der Öffentlichkeit bewusst ist, gilt dasselbe.

Die Lufthansa sucht verzweifelt nach Maßnahmen, um Katastrophen wie die mutmaßlich durch ihren Germanwings-Co-Piloten verursachte in Zukunft auszuschließen oder wenigstens unwahrscheinlicher zu machen. Auf das Nächstliegende – Frauenquote im Cockpit erhöhen – kommt niemand. Wieso nicht? Es wird derselbe blinde Fleck sein, der aus den beiden getöteten Lehrerinnen aus Haltern »Lehrer« und aus den 14 getöteten Mädchen und zwei Jungen »16 Schüler« macht.

Auch ganz unabhängig von Vorbeugungsmaßnahmen gegen weitere Katastrophen in der Luftfahrt ist die Erhöhung der Frauenquote im Cockpit richtig und längst überfällig. Die Lufthansa mit ihren 6 % Frauen ist ja fast so schlimm wie die katholische Kirche.

März 2015

Aufräumen nach dem Shitstorm, 1. Teil

Am 30. März bekam ich von einem Herrn D.D. folgende Mail:

> Was fällt dir alten Schlampe eigentlich ein so eine SCHEISSE zu schreiben???????????????? Du dreckige Fotze hast noch weniger Gehirn als der Dreck unterm Fingernagel … Wenn ich dich sehen sollte würde ich dir sofort in deine hässliche Fresse treten und dich mit dem Kopf auf den Bordstein schlagen du Missgeburt. Hoffe du krepierst elendig vor dich hin oder wirst von einem LKW überfahren du Arschgeburt. Du bist es nicht wert in unserer Gesellschaft zu leben.

Meine Glosse »Frauenquote fürs Cockpit« hat im Internet einen Shitstorm ausgelöst, der mich völlig unvorbereitet traf. Er begann am Samstag, 28. März, gegen Mittag und dauerte etwa 10 Tage. Nachrichten wie die von D.D. kamen im Sekundentakt herangeflutet, über Twitter, Facebook, E-Mails, Kommentare unter der Glosse und Zeitungsartikel in Online- und Printausgaben. Die Zeitungsartikel waren allerdings nicht so krude wie D.D. Auf Twitter hieß es dagegen gern »Wann stirbst du endlich?«, »Bitte geh sterben!« oder auch »Die ist schon alt, das Problem wird sich bald auf biologischem Wege lösen.« Viele Männer meinten auch, ich wäre »untervögelt« und gehörte mal ordentlich durchgevögelt.

Mir wurden verschiedene Vorwürfe gemacht, die frei erfunden waren. Z.B. dass ich »mediengeil« sei und hier eine Katastrophe schlimmsten Ausmaßes für meine eigenen, egoistischen Zwecke missbrauchen würde. Tatsache ist, dass ich einen Beitrag zur Verhinderung des nächsten Amokfluges leisten wollte und – wie die Airlines – fand, Eile sei geboten.

Mein Bekanntheitsgrad ist mir egal bis lästig. Ich bin eher medienscheu und arbeite schon immer lieber an meinem Schreibtisch, als in der Öffentlichkeit oder im TV aufzutreten. Deshalb ist diese Unterstellung besonders grotesk, genau wie viele andere, die in der Debatte vorgebracht wurden. Um mich nicht dauernd selbst zu erklären und zu entschuldigen, zitiere ich Anja Krüger. Sie schrieb in der *taz online* einen der beiden fairen Kommentare der deutschen Presselandschaft, die restlichen 49, die mir zu Gesicht kamen, sind hämisch, verzerrend und bösartig. Sie sagt: »Luise F. Pusch hat es gewagt, angesichts der vom Kopiloten zum Absturz gebrachten Germanwings-Maschine die Geschlechterfrage zu stellen.« Privat äußerten sich viele weit deutlicher. Die Leiterin einer Frauenberatungsstelle und ihre Kolleginnen fassten es so zusammen: »Halte durch – es ist doch wie immer, wenn es die Chance gibt, gegen Frauen vorzugehen!« Die Chance ergab sich diesmal dadurch, dass der immer sprungbereite und inzwischen gut organisierte Hass auf Feministinnen unter dem Vorwand der moralischen Entrüstung über »mediengeile und menschenverachtende Ausschlachtung einer Katastrophe« und »fanatischen Männerhass« zur Hetzjagd blasen konnte und viele sonst neutrale Gemüter sich zum Mithetzen anstacheln ließen. Deren Wut und Schmerz über das unfassbare Verbrechen brauchten ein Ziel, und da der eigentlich Schuldige tot war, stellte ich wohl einen willkommenen Ersatz dar.

Bekannt wurde meine Glosse vor allem durch die Übernahme in die *Emma-Online*. Alice Schwarzer verfasste zu meinem Text folgenden Vorspann:

> Amoktrips sind Männersache. Und die Lufthansa hat 94 Prozent männliche Piloten. Das sollte sie ändern, meint Luise Pusch. 14 der 16 im Airbus zerschellten »Schüler« sind Schülerinnen und die zwei »Lehrer« sind Lehrerinnen. Die Opfer sind überwiegend Frauen, die Täter sind männlich. – (*Ursprünglicher Vorspann von Alice Schwarzer*)

Auf Emma.de wurde dieser Vorspann inzwischen abgeändert, auf der Facebook-Seite von *Emma* steht noch die Urfassung.

Fünf Sätze, die nicht von mir sind, mir aber im Shitstorm und in den Medien dauernd vorgeworfen wurden. Ich vermute, dass die meisten Shitstürmer nicht mehr als diesen Vorspann oder ein Zitat daraus gelesen haben. Das Wort »Amoktrips« wäre mir angesichts der Katastrophe nicht eingefallen, es ist zu flapsig. Das sagen viele, und Antonia Baum von der *FAZ* stützt ihre Anklage besonders auf dieses Wort – nach 10 Tagen Shitstorm war sie eine der Letzten, die sich von dem Empörungstrip noch mitreißen ließen. Warum hat sie nicht besser recherchiert, bevor sie loslegte?

Mir wurde schon einmal etwas vorgeworfen, was die Schweizer Boulevardzeitung *Blick* einfach erfunden hatte. Sie empörte sich, ich hätte die Abschaffung der Wörter »Vater« und »Mutter« verlangt und gefordert, dass in Zukunft nur noch »das Elter« gesagt würde. Wie es zu dieser Lüge kam, habe ich in meiner Glosse »Der geschlechtsneutrale Schweizer« nachgezeichnet, erschienen in dem Band *Deutsch auf Vorderfrau* (2011, S. 125-128). Das Traurige an der Geschichte ist nur, dass unzählige Zeitungen, ohne jemals bei mir anzufragen, diese freie Erfindung einfach nachgebetet haben und nun glaubten, mich wegen dieser »abartigen Idee« der Öffentlichkeit zum Fraß vorwerfen zu müssen.

Der Satz »Die Opfer sind überwiegend Frauen, die Täter sind männlich« ist, bezogen auf die Flugzeugkatastrophe, einfach Blödsinn. Hier hat ein Mann 149 Frauen, Männer und Kinder umgebracht, die ihm, einschließlich ihres Geschlechts, völlig egal waren. Alice Schwarzer hat diesen Satz aus anderen Diskussionszusammenhängen (bes. Amokläufe) genommen und in den falschen Kontext verpflanzt. Das geschah sicher nicht aus bösem Willen, sondern aus Eile. Die Konsequenzen aber muss hauptsächlich ich tragen, für etwas, das ich nicht gesagt habe und nicht gesagt hätte.

Der Shitstorm ist für mich vor allem ein Anlass, über ihn nachzudenken. In der nächsten Woche widme ich mich der Frage, welche Opfer in der Berichterstattung spezifiziert werden dürfen und welche nicht. Wir wurden fortlaufend über die Anzahl der deutschen Opfer informiert. Aber mein Interesse an der Anzahl der weiblichen Opfer unter den »16 Schülern« aus Haltern empfanden viele als unerträglich. Warum?

März 2015

Aufräumen nach dem Shitstorm, 2. Teil: Dürfen Frauen um Frauen trauern?

Fast gleichzeitig mit den Menschen im Flug U49525 starb eine fast gleich große Menge von Menschen durch Selbstmordattentate im Yemen (20.3.2015) und in Garissa, Kenia (2.4.2015). Wir alle waren betroffen und aufgewühlt wie immer bei solchen Schreckensnachrichten – aber die Betroffenheit hielt sich, verglichen mit der über Flug U49525, doch in Grenzen, gerade auch in den Medien. Warum? Ich vermute, weil diese Katastrophen nicht so viel mit *unserer* Identität zu tun hatten. Ja, wir sind alle Menschen und als solche betroffen, wenn andere Menschen sterben. Vor allem, wenn es so viele Menschen auf einmal sind. Aber wenn viele *Deutsche* auf einmal sterben, die mit *unserer deutschen* Lufthansa flogen, dann geht uns das näher, weil es uns näher *ist*.

Bei der Berichterstattung über den Flug U49525 wurde immer wieder eine Gruppe besonders hervorgehoben: Die Schulklasse aus Haltern und ihre beiden »Lehrer«. Irgendwann, ziemlich spät, wurde korrigiert: Es waren Lehrerinnen. Weiterhin wurde aber nur von »Schülern« geredet. Ich dachte mir, das können nicht alles Schüler gewesen sein, sicher waren auch Schülerinnen darunter, besonders, da es sich um eine Sprachklasse handelte. Ich recherchierte im Internet und fand schließlich eine Namensliste der getöteten Schülerinnen und Schüler in der *New York Times*. Und dann eine weitere Namensliste in einer Traueranzeige aus Haltern.

Ich war selbst erstaunt, dass diese »16 Schüler« – eine Formulierung, die ich bis dahin ausschließlich gelesen hatte – in Wahrheit 14 Schülerinnen und zwei Schüler waren. Wie schon seit 35 Jahren der Kritik am sog. generischen Maskulinum fragte ich mich: Was wäre im umgekehrten Fall – wenn also diese jungen Menschen in den Medien fortwährend als »Schülerinnen« bezeichnet worden wären? Ich bin sicher, das wäre allgemein als höchst unpassend, ja als Verhöhnung der beiden männlichen Opfer verurteilt worden.

Ein Vorwurf, der mir dann während des Shitstorms dauernd gemacht wurde, lautete: »Wie kann man nur bei einer solchen Katastrophe weibliche und männliche Opfer auseinanderhalten wollen? Es waren Menschen, MENSCHEN, die gestorben sind – warum begreifen Sie das nicht in Ihrem feministischen Wahn?« Einige formulierten es drastischer: »Ob Schülerin oder Schüler, ist doch egal. Tot ist tot.« Diese Kritiker übersehen und übergehen den Unterschied zwischen neutralen Ausdrücken wie »Opfer«, einigermaßen neutralen Ausdrücken wie »Menschen« und pseudoneutralen »generischen Maskulina« wie »Lehrer« und »Schüler«. Generische Maskulina sind nicht neutral, sondern erzeugen in unseren Köpfen männliche Bilder. Sie erschweren, ja verdrängen den Gedanken an Frauen.

Zur Erinnerung: Ich hatte in meiner Glosse geschrieben:

> Die Lufthansa sucht verzweifelt nach Maßnahmen, um Katastrophen wie die mutmaßlich durch ihren Germanwings-Co-Piloten verursachte in Zukunft auszuschließen oder wenigstens unwahrscheinlicher zu machen. Auf das Nächstliegende – Frauenquote im Cockpit erhöhen – kommt niemand. Wieso nicht? Es wird derselbe blinde Fleck sein, der aus den beiden getöteten Lehrerinnen aus Haltern »Lehrer« und aus den 14 getöteten Mädchen und zwei Jungen »16 Schüler« macht.

Dass Frauen die Lösung sein könnten, fiel niemandem ein, genauso wenig, wie mal danach zu fragen, wie viele

Mädchen denn unter den getöteten »16 Schülern« aus Haltern waren.

Als feministische Linguistin stelle ich die Frage nach sprachlich unterschlagenen Frauen routinemäßig, ob bei »Malern aus Haiti« oder »russischen Dissidenten«. Wie oft habe ich nach der Veröffentlichung meiner Glosse gehört, dass die LeserInnen zutiefst verstört waren, weil unter der Formulierung »16 Schüler« 14 Schülerinnen begraben waren, für deren wahre Identität sich niemand interessiert hatte. Nicht einmal gefragt oder nachgedacht zu haben bedrückte tatsächlich sehr viele. Andere fingen an, erstmals über die Wirkung der deutschen Männersprache auf ihre Vorstellungen nachzudenken.

Auf die Frage »Haben Sie denn jeglichen Anstand verloren, nach Schülerinnen und Schülern zu unterscheiden?« antwortete ich mit einer Gegenfrage: »Warum werden wir immer sorgfältig und fortlaufend darüber unterrichtet, wie viele Deutsche unter den Opfern waren?«

Erst hörten wir: 67, dann 75, dann 72. Da wird also ein Informationsbedürfnis vorausgesetzt und bedient, das vor allem an der Nationalität interessiert ist. Darüber hat sich *niemand* aufgeregt und empört nachgefragt: Finden Sie etwa deutsche Opfer schlimmer als spanische oder japanische?

Eine Information, die wir besonders bei Terroropfern regelmäßig geliefert bekommen, lautet etwa so: »Dem Terroranschlag fielen 160 Menschen zum Opfer, darunter viele Frauen und Kinder.« Bei Flugzeugunglücken oder Schiffsunglücken bekommen wir diese Info in der Regel nicht. Was also bezweckt diese Information im Kontext Terroranschlag? Sie suggeriert, dass die rücksichtslose Tötung »unschuldiger«, »wehrloser« Frauen und Kinder besonders widerwärtig ist. Wir sollen folgern: Die Terroristen sind wirklich Monster.

Ich fand diese Art der selektiven Information über Alter und Geschlecht der Opfer schon immer fragwürdig. Waren die getöteten Männer in diesem Kaufhaus oder bei jener Sportveranstaltung nicht genauso wehrlos und unschuldig wie die Frauen? Ist ihr Leben weniger wert als das der Frauen und Kinder? Konnten sie ruhig getötet werden?? Nein! Aber genau das suggerieren solche Sätze.

Bei der Trauerveranstaltung im Bundestag sprach Norbert Lammert, fast tränenerstickt, von den »vielen jungen Menschen«, die getötet wurden. Gemeint waren die »16 Schüler« aus Haltern – und niemand warf ihm in der Folge vor, die nicht mehr so jungen Menschen seien ihm wohl »total egal« gewesen. Welcher »Jugendwahn« mochte denn den alten Mann plötzlich befallen haben? Nein, man verstand, dass es ihn schmerzte, dass die jungen Menschen so früh ihr Leben verlieren mussten.

Dies alles sind also Spezifikationen der Opfer, die erlaubt sind. Die Frage nach den Schülerinnen unter den »16 Schülern« war dagegen nicht erlaubt. Das war vielmehr fanatischer Feminismus. Will mann uns wirklich vorschreiben, dass wir, als Frauen, nach toten Lehrerinnen und Schülerinnen nicht einmal fragen dürfen?

Je länger ich darüber nachdenke, umso mehr erinnert mich dieses herrische Verbot an andere Regulierungen unserer Gefühle für Frauen. Über die Geburt eines Mädchens durften wir uns jahrhundertelang (in vielen Ländern bis heute) nicht freuen. Weil ein Mädchen in mancher Herren Ländern so viel weniger wert ist als ein Junge, werden weibliche Föten gezielt abgetrieben. In Asien fehlen 100 Millionen Frauen.[1] Der Frauenmangel

1 Christine Ockrent (Hg.): Das Schwarzbuch zur Lage der Frauen: Eine Bestandsaufnahme [= Le livre noir de la condition des femmes]. Koordination von Sandrine Treiner. Mit einem Vorw.

führt dort inzwischen zu Frauenraub in großem Stil. Empathie mit Angehörigen des eigenen Geschlechts wird den Frauen, die ihresgleichen abtreiben müssen, gezielt ausgetrieben. Sonst könnten sie das nicht tun.

Im Geschichtsunterricht haben wir gelernt, was für eine Schmach es für die Königin war, wenn sie schon wieder eine Tochter statt des ersehnten Thronerben geboren hatte. Als Paradebeispiel können die Frauen Heinrichs VIII. gelten. Wenn eine Frau also ihresgleichen gebar, war das lange Zeit ein Grund, sie als Versagerin zu beschimpfen. Für Frauen selbst ein Grund, sich zu schämen. Der Frauen- und somit Selbsthass wurde den Frauen anerzogen.

Ich arbeite gerade an einer Kurzbiographie über Charlotte Brontë; im nächsten Jahr feiern wir ihren 200. Geburtstag. Ihr Vater war im Jahre 1848 über den Tod seines trunk- und drogensüchtigen einzigen Sohnes so untröstlich, dass er kaum bemerkte, wie gleichzeitig seine Töchter Emily und Anne der Schwindsucht erlagen. Emily und Anne Brontë hatten Weltliteratur geschrieben, genau wie Charlotte, aber das zählte nicht. Der Sohn stand dem Herzen des Vaters nun mal näher. Ohne seine drei Töchter wäre Patrick Brontë längst vergessen.

Vor 32 Jahren veröffentlichte ich eine Analyse der Beispielsätze des Duden-Bedeutungswörterbuchs. Titel: »Sie sah zu ihm auf wie zu einem Gott: Das Duden-Bedeutungswörterbuch als Trivialroman«.[2] Der Befund, der mich am meisten erschütterte, war, dass *niemals* zwei Frauen zusammen in einem Satz vorkamen. Män-

von Maybrit Illner. Aus dem Franz. von Enrico Heinemann. München/Zürich 2007.

2 Nachdruck in: Luise F. Pusch: Das Deutsche als Männersprache: Aufsätze und Glossen zur feministischen Linguistik. Frankfurt/M. 1984, S. 135-144.

ner interagierten miteinander im Guten wie im Bösen, Frauen kümmerten sich um die Kinder, den Gatten und den Haushalt – *niemals* hatten sie mit anderen Frauen auch nur das Geringste zu schaffen. *Er zeigte ihm Ansichtskarten von Berlin* hieß ein Satz. »*Sie* zeigte *ihr* Ansichtskarten von Berlin« – so etwas gab es nicht! Die Beispielsätze des Duden waren ein Querschnitt aus dem deutschsprachigen Schrifttum der vorangegangenen 150 Jahre und somit extrem aussagekräftig.

Die großen Trauernden in der Kunst sind Frauen – sie klagen in der Regel um tote Krieger, ihre eigenen Söhne. Antigone trauert um ihren Bruder Polyneikes. Und die allergrößte Trauernde, der Inbegriff der trauernden Frau, ist natürlich Maria. Sie trauert um ihren toten Sohn Jesus. Die Pietà-Statuen, auf denen uns die in unserer Herrenkultur für Frauen erlaubte Trauer vorgeführt wird, gehen in die Tausende, wenn nicht Hunderttausende.

Es scheint, dass die Gefühle und Interessen der Frauen um den Mann kreisen sollen. Wir sollen keine Götter haben neben ihm. Schweift die Frau ab und interessiert sich für ihresgleichen, so wird das übel vermerkt. Oder mit Hass verfolgt. Aber die Sprache ist schon mal vorsorglich so angelegt, dass wir nicht so schnell vom rechten Pfade abweichen: In unserer Männersprache wird jede weibliche Gruppe sprachlich zu einer männlichen Gruppe, sowie nur ein einziger Mann oder Junge hinzukommt. Wie z. B. bei den »16 Schülern« aus Haltern.

Ich las neulich Charlotte Links Buch *Sechs Jahre* über den Tod ihrer Schwester, der sie völlig aus der Bahn warf. Ein erschütterndes, lesenswertes und ungewöhnliches Buch. Trauert da doch tatsächlich eine Frau um eine andere Frau!

April 2015

Sport

Unsere Männerfußball-WM: Notizen einer Minifan über das »Rooten«

Ich verstehe nichts von Fußball und meide den Rummel um diesen Sport so gut es eben geht. Ich habe viel Verständnis dafür, dass die Menschen Ablenkung von dem allgegenwärtigen Elend und Entsetzen in der Welt suchen. Nur suche ich die Ablenkung eben woanders. Zurzeit übe ich wieder mehr Klavier. Aufreibend genug, die eigene Unfähigkeit so direkt zu erleben. Manchmal gibt es auch Trost, wenn nach viel Frust und Stümperei mal etwas gelingt.

Aber wenn die deutsche Mannschaft spielt, schaue ich mir das an, auch ohne Sachverstand, einfach weil es spannend ist. Die meisten meiner Freundinnen interessieren sich für Männerfußball noch weniger als ich und fragen ungläubig: »Was?! Du und Männerfußball? Hätte ich nie gedacht! Und was bitte findest du daran spannend?«

Nun ja, ich bin eben nicht nur Feministin, sondern auch Deutsche. Und als Deutsche finde ich es spannend, ob die deutsche Mannschaft gewinnt oder nicht. Es ist genauso platt, wie es klingt. Wenn sie nicht gewinnt, bekümmert mich das nicht weiter. Nur dass es dann eben keine spannende Fortsetzung gibt, ist schade. Aber die Millionen trauernder deutscher Megafans tun mir nicht besonders leid, ihre Gefühlswelt ist mir fremd. Nun gibt es ja am Dienstag eine Fortsetzung der Spannung: Deutschland gegen Brasilien, das wird schon schiefgehen. Aber wenn schon – es gibt dann trotzdem noch ein bisschen Spannung beim Spiel um den dritten Platz. Wenn nicht, gibt es noch einmal Hochspannung im Finale.

»I'm rooting for the German team«, wie es auf Englisch so nett heißt. Warum? Früher habe ich nicht darüber nachgedacht. Von der WM in Bern 1954 habe ich kaum was mitgekriegt, aber an Stockholm 1958, wo erstmals Brasilien auftrumpfte, erinnere ich mich gut. Wir durften am Radio mitfiebern, wenn wir den Hausputz erledigt hatten, und dass wir als deutsche Kinder für die deutsche Mannschaft waren, war ja wohl selbstverständlich. Und dabei ist es geblieben.

Joey ist nicht mit Fußball (soccer) aufgewachsen und interessiert sich deshalb noch weniger als ich dafür. Aber sie schaut getreulich mit mir die Spiele der deutschen Mannschaft. Als in der Vorrunde Deutschland gegen die USA spielte bzw. die USA gegen Deutschland, rootete jede für »ihr« Team, und am Ende freuten wir uns, dass beide weiterkamen.

Unsere über uns wohnenden FreundInnen Inga und Etienne, sie Deutsche, er mit doppelter Staatsangehörigkeit, hängten eine französische Fahne aus dem Fenster. Im Haus uns gegenüber hing erst eine einsame deutsche Fahne vom Balkon. Dann eine französische vom Balkon darüber. Dann eine zweite deutsche Fahne aus dem Fenster neben dem »deutschen« Balkon. Joey hat das bunte Treiben für die Familie in Boston fotografisch festgehalten.

Dann sind noch solche Spiele interessant, an denen Mannschaften aus Ländern beteiligt sind, die unseren FreundInnen am Herzen liegen. Unsere Freundin Juanita kommt aus Chile. Ihretwegen schauten wir die zweite Halbzeit des Spiels Brasilien gegen Chile, wo die armen Spieler in der Verlängerung reihenweise Muskelkrämpfe bekamen und sich am Boden wälzten. Und dann noch Elfmeterschießen. Unerträglich spannend. Juanita erzählte hinterher, ja, sie habe geweint.

»Für wen bin ich? Ich bin ein sportlicher Analphabet, aber sentimental. Also für Frankreich, die haben es derzeit schwerer.« Schreibt Nils Minkmar von der *FAZ*. Er hat wie Etienne einen deutschen und einen französischen Pass. Dass er für Brasilien oder die Niederlande sein könnte, diese Idee ist wohl so abwegig, dass niemand darauf kommt. Das Rooten bei der Fußball-WM hat eben vor allem mit der Nationalität zu tun. Im Halbfinale stehen zwei südamerikanische zwei europäischen Mannschaften gegenüber. »Roote« ich aber als Europäerin auch ein wenig für unsere niederländischen Nachbarn? Vorerst eigentlich nicht. Dazu muss Europa wohl noch mehr zusammenwachsen.

Unsere Friseurin kommt aus Kroatien. »Kroatien war doch auch mit bei der WM«, sagte ich zu ihr. »Ja, war«, sagte sie lakonisch. »Und dann auch Bosnien-Herzegowina«, fuhr ich fort. »Ja, war auch«, lachte sie und damit war das Thema für sie erledigt. Aber sie war bestens informiert.

Mein oberflächliches Interesse an diesem Weltereignis hat sicher auch damit zu tun, dass daran nur Männer beteiligt sind. Für die roote ich eigentlich eher selten. Trotzdem gefällt mir die deutsche Mannschaft. Manuel Neuer im Tor ist einfach cool. Hübsch anzuschauen sind auch Özil und Klose, und Müller lustig. Und dass der Kapitän Lahm heißt und noch dazu der Kleinste von allen ist, finde ich, gerade als Deutsche, erfrischend.

Nachtrag am 26.6.2015: Die deutschen Fußballerinen sind im Viertelfinale der WM 2015 und spielen heute Abend in Montreal gegen Frankreich. Deutsche Fahnen habe ich während der ganzen WM nirgends raushängen sehen. Französische auch nicht. Sind ja auch nur Frauen.

Juni 2014

Wider den Sexismus im Paarlauf

> Der Paarlauf ist eine Disziplin der Sportart Eiskunstlauf, bei der die Programme von einem Paar, also einer Dame und einem Herrn, ausgeführt werden.
> Paare zeigen synchron Einzellaufelemente und spezielle Paarlaufelemente wie geworfene Sprünge, Hebungen, Paarlaufpirouetten, Spiralen und Todesspiralen. (Wikipedia).

Diese Ausführungen der trefflichen Wikipedia sind sprachlich wieder mal sehr interessant:

Erstens hält Wikipedia es für angebracht, uns zu erläutern, was hier mit »Paar« genau gemeint ist. Schließlich gibt es heutzutage alle möglichen Arten von Paaren, bis hin zu gleichgeschlechtlichen Ehepaaren, eine Erscheinung des 21. Jahrhunderts, die rasant um sich greift, sogar bis ins katholische Irland und in die evangelikal unterwanderten USA. Damit verglichen ist der Paarlauf eine Bastion der Rückständigkeit – und daran muss Wikipedia uns durch die umständliche Definition von »Paar« erinnern.

Zweitens die »Paarlaufelemente«: geworfene Sprünge – wer wird da geworfen und wer wirft? Hebungen – wer hebt, wer schwebt? Todesspiralen – wer wird da absichtlich der Todesgefahr preisgegeben? Wikipedia verliert darüber kein Wort. Sie setzt hier wohl voraus, dass alle es wissen: Geworfen wird im klassischen Paarlauf die

Frau. Wie im richtigen Leben. Sie ist es auch, die vom Herrn erhoben wird und deren Haare in der Todesspirale am Boden schleifen.

Neulich brachte die Tagesschau ein Interview mit dem mehrfachen deutschen Medaillengewinner im Paarlauf, Robin Szolkowy, der inzwischen den deutschen Paarlauf-Nachwuchs trainiert. Er gab Auskunft über die Voraussetzungen für diesen Beruf: Die Mädchen können nicht klein genug sein und die Jungen nicht groß und kräftig genug, da die Mädchen ja gestemmt werden müssten.

Damit ist der Paarlauf wohl die sexistischste Sportdisziplin überhaupt und gehört reformiert. Und: Die überfälligen, unten erläuterten Neuregelungen sollten umgehend auf andere sexistisch organisierte Sportarten wie Eistanz und Gesellschaftstanz übertragen werden.

1. Im Zeitalter der gleichgeschlechtlichen Ehe sollten auch zwei Damen und zwei Herren ein Eislaufpaar bilden können. Gerne kann das dann auch ein besonders kleiner mit einem besonders großen Herrn sein oder eine besonders große Dame mit einer besonders kleinen.

2. Dass sich immer eine winzige Dame mit einem riesigen Herrn paaren muss, ist auch widerlich diskriminierend und schon lange nicht mehr zeitgemäß. Große, starke Damen, die eine unbezähmbare Leidenschaft für Paarlauf entwickeln, dürfen nicht einfach ausgeschlossen werden. Sie paaren sich am besten mit kleinen Herren, die nun endlich auch ihrer Berufung folgen können und nicht als Jockeys auf dem Pferderücken ein denkbar eislauffernes Dasein fristen müssen. Wie viele kleine Herren träumen nicht davon, von großen Damen hochgehoben und schwungvoll weggeworfen zu werden und sich in der Todesspirale vor ihnen am Boden zu winden!

Juli 2015

Verzeichnis der Glossen

Bibliografische Information der Deutschen Nationalbibliothek
Die Deutsche Nationalbibliothek verzeichnet diese Publikation
in der Deutschen Nationalbibliografie;
detaillierte bibliografische Daten
sind im Internet über http://dnb.d-nb.de abrufbar.

www.wallstein-verlag.de
Vom Verlag gesetzt aus der Stempel Garamond
Umschlaggestaltung: Susanne Gerhards, Düsseldorf,
unter Verwendung von einer Fotografie einer Walküre (Opernhaus
Nürnberg), Original (1905): Philipp Kuttler, Rekonstruktion (2002):
Leopold Bernhard.
Druck: Friedrich Pustet, Regensburg
ISBN 978-3-8353-1896-0